海峡に立つ

泥と血の我が半生

許永中

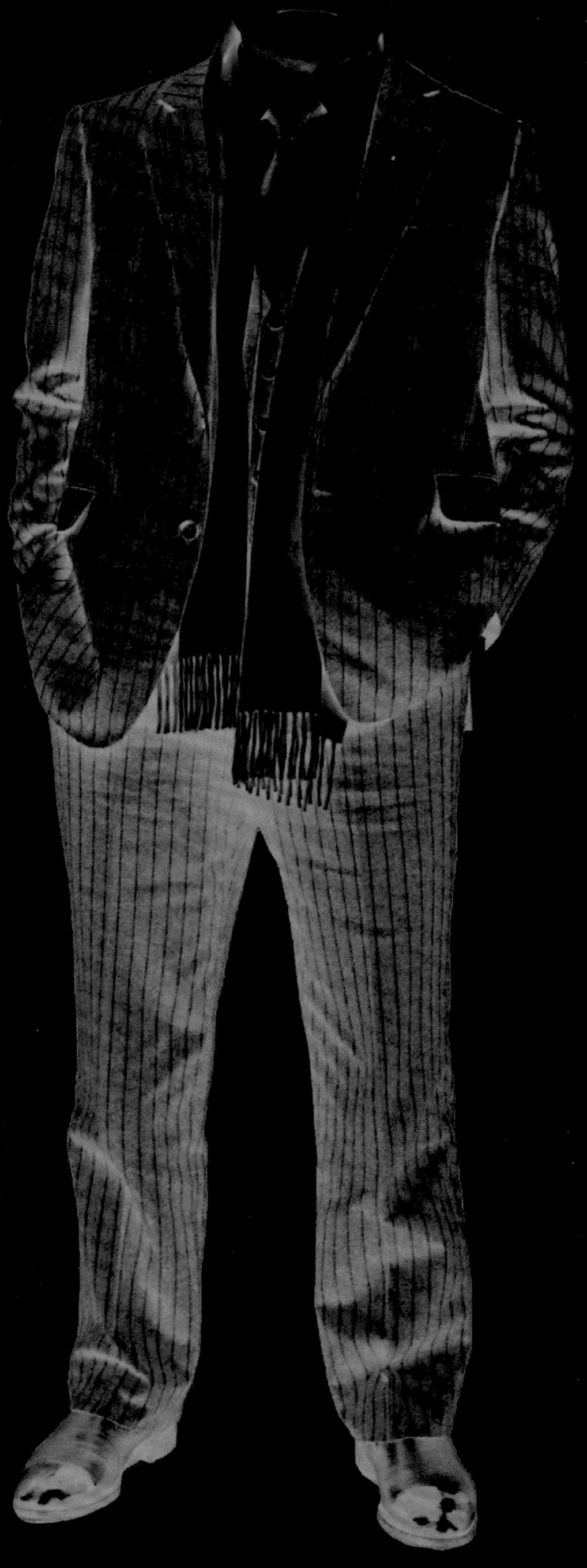

海峡に立つ

泥と血の我が半生

序章

チキチンチキチンチキチンチキチン　コンコン
コンコンチキチン　コンチキチン
祭囃子《まつりばやし》の鉦《かね》の音が街中から聴こえる。

その日は日本三大祭りのひとつ、天神祭であった。夏の暑さも相まって、祭りの高揚感は否が応でも人々の気分を盛り上げる。

「おーい！　誰かこっから河に飛び込む勇気のあるやつおるかー！」

振る舞い酒がしこたま入った私は、酔った勢いで周りの連れたちを挑発した。

「えぇー、これ結構高いで！」

「お前行けや！」

「アホか、こんなん無理じゃ！　死んでまうわ！」

大阪市を東西に貫く安治川《あじ》にかかる橋の欄干《らんかん》から下をのぞき込みながら、仲間の男たちが言い合っている。先日、ミナミの道頓堀川に酔っ払って飛び込んだ学生が死んだこともあって、そんなことに名乗りを上げるバカはいなかった。

「よっしゃ！　みんなひとり５００円ずつ出すか？　出すんやったらオレが飛び込む。その金をここまでの足しにする！　どないや⁉」

私がそう言うや否や、ワッと歓声が上がった。

「ヨッシャー！」

私も笑いながらそれに応え、服を脱いでステテコ一丁になった。汗かきの私は夏でもズボンの下に七分のステテコを着けていた。

言ってはみたものの、橋の真ん中から見下ろす川面ははるか下。高さは30メートルにもなる。無謀にもほどがあるが、祭りと酒の高揚感で躊躇《ためら》う気持ちは毛の先ほどもない。何十という眼が自分に注がれているのがわかる。安治川河口に拡がる大阪湾に届けとばかりに、思い切り欄干を蹴り、大きく飛び跳ねた。

ドッボーン！

川面はキラキラと輝き、爽やかに夏の太陽を映しているものとばかり思い込んでいたが、飛び込んでから大きな錯覚だと分かった。

足から着水した瞬間、形容しがたい悪臭に包まれ、思わず見開いていた眼を閉じた。ガツン！　と左の向こう脛に衝撃が走る。続いて左脇腹に何か大きな物体が当たる。

きらびやかな水面の光の正体は、重油だった。

頭まで水中に沈んだ身体を浮上させるのに手を大きく広げて掻くのだが、腕に毛布のような汚物がまとわりつき、それが出来ない。

引き潮だと気付く余裕もなく、速い川の流れにしゃにむに足を蹴り、得体の知れない物体との悪あがきを繰り返す。耳の奥で、己の馬鹿さ加減をあざ笑うかのように耳鳴りと痺れが襲う。

ガバッと頭が水上に出た。時間にして10秒足らずの出来事だったが、空気を吸えた喜びも束の間、どっと疲れが押し寄せてきた。立ち泳ぎも子供のころから得意だったが、手足の重さに負けて、思うように動かない。何より目を開けてられない。

刺すような悪臭に加え、頭のてっぺんから覆う油。顔を上げるも、飛び込んだ橋が見えない。体の向きを変えるのもまた一苦労。両岸には大勢の野次馬がのぞき込むように私を見ている。

「オーイ！　大丈夫かー！」

耳鳴りに混じってそんな叫び声も聞こえてくる。全身で見栄を張って、声を出す代わりに右手を上げて振った。

例え様のないこの苦しさ。

「ここで泳ぐのを止めたらどうなるんかなぁ…。楽になるやろなぁ…」

悪魔の誘いが頭をよぎる。船が来る気配もない。左右どちらの岸に向かっても30メートル。気力を振り絞り、抜き手で泳いだ。建築廃材、布団、毛布、座布団、これらが重油にまみれて水面10センチほど下を大阪湾に向いて流れている。

まだ下水の整備も満足ではなく、工場排水も垂れ流しの時代だった。

ただ無知な私が馬鹿だった。

這々《ほうほう》の体《てい》で岸に泳ぎ着き、新たな問題に気付く。垂直に立つ壁には陸へ上がる階段が無い。残された力を振り絞って鉄板の壁を伝い、岸に上がる。酒の酔いなどすでに吹き飛び、後悔と自責の念だけである。情けない気持ちで鉄板の壁を伝いながら橋のたもとまで辿り着いたときには、野次馬はもちろん、一緒に飲んでいた連れの半数もいなくなっていた。

私は重油とヘドロまみれのステテコ姿で、近くの銭湯を目指して歩き出した。ゾロゾロと10人ほどの仲間が付いてくる。一人に下着を買いに走らせた。

靴は脱げ落ち、裸足だった。すれ違う人たちの蔑《さげす》む視線を感じる。灼熱のアスファルトが、足をひりひりと焼いていた。

激動の１９６０年代半ば。この頃の私は大学に籍はあったものの、麻雀とパチンコとケンカに明け暮れていた。高校時代から近畿大学、大阪商業大学など、ケンカ自慢の連中を相手にしてきたので、大学の不良たちは入学早々に制圧した。

相手が極道であろうと関係ない。大阪梅田の東通り商店街界隈を縄張りに、思うがまま、発熱し続ける身体を手当たり次第にぶつけて生きていた頃だった。

今にみていろ　ぼくだって
見上げるほどの　大木に
なってみせずに　おくものか

八波則吉作詞「しいの木とかしのみ」より

子供の頃の教科書に載っていた。気が付けばこの言葉が心の中に焼き付き、私の行動の原点になっていた。

それは親孝行への想いにも繋がっていた。極貧のスラムの陽の射さぬ長屋ではなく、朝日があたり、障子を開ければ縁側の向こうに庭があり、小鳥の声が聞こえる部屋で寝起きする。そんな穏やかな生活を、両親に送らせてあげたかった。

その思いは後年、飛び込んだ川から大阪湾、そして大海へと繋がるように、海峡を越えて活動する原動力にもなった。

私の人生は、「在日韓国人」という生まれを抜きにして語ることはできない。大阪のど真ん中、戦前戦後を生き抜いた在日一世や多くの友人に囲まれ、貧困と差別の中を揉みくちゃにされながら駆け抜けて来た。

「戦後最大のフィクサー」「闇社会の帝王」と、いつの間にか数多の枕詞が作られ、それらの言葉を伴って私が語られるようになって久しい。

在日同胞の中には、これに嫌悪感を抱く人もあるだろう。しかし、戦後という時代に在日の歴史を重ねて俯瞰したときに、その環境ゆえ表と裏の狭間で生きざるを得なかった人々が確かにいた。

私という物語の中には多くの在日同胞が登場し、そして消えていく。その全てに、貧困と差別が宿痾として絡み合う。

そして同時に、我々民族の性《さが》ともいうべき〝骨肉の争い〟を引き摺り、祖国のそれとは違う在日という独特の「恨《ハン》」を織りなしていった。

装丁　前橋隆道

第一章
原風景

親子7人の暮らし

大阪市北区中津の一角——ここが私の生まれた地である。

大阪梅田の繁華街から北へ一キロほど、目と鼻の先にある小さな村であった。

大阪駅の北側は、今でこそ高層ビル群が建ち並ぶ近代的な街並みだが、20年ほど前までは広大な貨物駅や場外馬券場が広がる土地だった。

むき出しの地面に煤けたトタン屋根の小さな木造家屋が密集し、細い路地がうねる。私が生まれた当時、中津はとりわけ陰鬱な場所だった。

北に向かえば淀川堤防に突き当たる。すり鉢の底のような海抜0メートル近い低地帯で、わずかな大雨で床下浸水する、極貧のスラムであった。

もともとこの地には被差別部落の出身者も肩を寄せ合って暮らしていた。そこへ寄る辺《よべ》のない在日朝鮮人たちが住みついていった。多くは日韓併合後に生計のため、あるいは強制連行によって海峡を渡った一世たちだ。差別される者同士が共棲する場所であった。

父親の名は許生樅《ホ・センジョン》。戦前に釜山から日本に渡ってきた。1940年(昭和15年)、日本政府の植民地占領政策による創氏改名で、湖山正夫《こやままさお》という日本名を名乗った。父は当時の男性としては背が高く、漢方薬を調合する〝先生〟で、論語を読む「儒家」でもあった。いわゆるインテリである。ある人は父のことを「高身長で痩身、在日作家の立原正秋に似ていた」とも言う。

ここで許の血筋について説明すると、元は伽耶《かや》（任那《みまな》）にさかのぼる。伽耶を建国した首露《しゅろ》王の王妃が「許黄玉《ホ・ファンオク》」という女性だった。西暦48年にインドのサータヴァーハナ朝からやってきたとされている。16歳で首露王の王妃として嫁いだ彼女は10人の子を産み、うちふたりが王妃の苗字である許氏と名乗った。我々は王族の末裔《まつえい》というわけだ。

許一族が創氏改名で湖山を名乗った理由に、興味深い逸話がある。日帝時代、許一族は日本の連中から「ホさん」と呼ばれていた。韓国読みの「ホ」に、誰々さん、の「さん」をつけて「ホさん」。いざ創氏改名となったとき、一族が選んだのが「ホさん」をそのままハングルにして漢字を当ててしまう、というもの。ホサン、つまり湖（ホ）山（サン）。「許＝湖山」の由来は諸説あるが、私はこの説が気に入っている。いわば創氏改名に抗《あらが》った気骨ある一族だと思っている。

母親の名は裵外生《ペ・ウェセン》。無学で文字も読めなかったが、生活力に満ち、働き者で逞《たくま》しい女性だった。その時代、文字が読めない人々は珍しくなく、周囲の在日は皆そうだった。

敗戦後の1947年（昭和22年）2月24日、7人きょうだいの3男として私は生まれた。正確には、父親が韓国に残してきた腹違いの長兄が韓国におり、中津の家には7歳上の姉、4歳上の兄、弟と妹の5人きょうだいで暮らしていた。

もうひとり姉がいたが、中津の隣町、豊崎地区で暮らしていた戦時中、米軍機の空襲にあい、燃え広がる焼夷弾で黒焦げになって死んだという。この時、7歳上の姉も命こそ助かったものの、体中に火傷《やけど》を負った。

生家は木造2階建て、8軒の棟割り長屋で、わが家は路地の一番奥にあった。1階は6畳と台所、2階が4畳半と3畳という狭さのなか、親子7人が暮らしていた。建て付けも悪く、家屋は常に傾いていた。

父親は「湖山堂」と記された看板を掲げて漢方薬局を営み、読み書きができない住民の代わりに書類の代筆も請け負っていた。母親は家でドブロクを造り、それを売っていた。主な生計は母の造るドブロクが支えていたと言っても過言ではない。1階が父と母の仕事場として使われており、7人の家族が日々暮らす生活の場は、2階の4畳半と3畳の2間だけだった。

陽が昇ると、母は毎日、1階の6畳間の布団を上げてゴザを敷いた。その上で蒸した米を広げて乾かし、麹《こうじ》と一緒に大きな甕に仕込むドブロク作りを日々続けていた。母はそれを軒先で売った。

当時、中津周辺は大阪駅近辺の再開発や、阪急京都線の拡張工事が進んでいた。そのため日雇い労働者用の飯場が建ち並び、その労働者たちが母のドブロクの上客になってくれていた。キムチと豆腐付きで、一杯100円。もう一杯サービスでドブロクを注ぐこともあり、味も気前も良いと評判だった。

細い路地ゆえに当時はパトカーも入れず、あちこちで毎日のように刃傷沙汰が起きた。こちら側には朝鮮人が暮らし、あちら側には被差別出身者が住む。長屋には、様々な人たちがひしめき合っていた。皆が肩寄せ合って生きていたが、貧困ゆえ首を吊るような住民も多く、暴れる人間もいた。それぞれの家庭が複雑な事情を抱えていた。

後年、いわゆる同和や極道といわれる人々と自然に交流ができたのは、このような環境が素地になっているのだと思う。

ごんたくれ

東京・銀座にある日動画廊から出版された『佐伯祐三』という良書がある。著者は元兵庫県知事の阪本勝。旧制北野中学、今の大阪府立北野高校時代、後の天才画家・佐伯祐三と同級生にして親友だった阪本は、友を偲ぶ形でこの本を著した。著書の中で、私の少年時代の原風景が、まるでその場に居合わせたかの如き臨場感をもって迫ってくる。

佐伯祐三画伯の実家は、淀川堤防から１００メートルほどの場所にある「光徳寺」という大きな古刹《こさつ》だった。幼稚園を運営しており、園長に画伯の実兄の妻が、副園長に娘が就いていた。

私の両親は、赤貧の生活の中で、同幼稚園の3年保育に通わせてくれた。あの時代、中津の在日で、３年間も幼稚園に通わせる余裕のある家はなかった。大人の足で15分近くかかる距離を、嬉しさのあまり跳ねるようにして、ものの10分もかからず通っていたことを今も鮮明に覚えている。

幼い時から〝ごんたくれ〟だった。大阪弁でイタズラ坊主、ワンパク小僧、悪ガキという意味だが、私は幼稚園時代から〝どんたくれ〟ぶりを遺憾なく発揮した。若い副園長のスカートをめくって、ダルマによく似た女性の先生に平手打ちを喰らい、3メートルも吹き飛ばされた。そのまま押し入れに押し込まれて、帰りの時間まで閉じ込められた。

後日、何を狂ったのか、境内の墓地の墓石を全て倒して回ったこともある。おそらく先生への仕返しだったのだろう。この時、鬼の形相をした先生に小突かれ、ドツキ回され、頬をツネられたまま家まで連行されたあげく、父親に私の不出来を訴えられた。

父は先生に頭を下げ続けていた。その後、父から先生以上の何倍もの体罰を受けたのは言うまでもない。足をヒモで括《くく》られ、私が謝るまで仕置きをされた。見かねて母親が助けに入ってくるのが、いつもの光景だった。

「永ちゃん、お父ちゃんに早よあやまり！　早よあやまり！」

しまいには泣いて私を諭しにくる。その母の涙に負けた私が、

「ゴメンなさい、もうしません！」

というと、父はようやく手を止めた。

多くの在日一世がそうであったように、父も云うに云われぬ苦悩を抱えていた。年に何度か、母親に当たり、手を上げるほど暴れた。兄、姉が父に縋《すが》りつき、しがみ付いて止め

る。その間、私は泣いて長屋の夜道を走り、二ツ辻向こうの角に住むアジェ（叔父さん）に助けを求めるのだった。

夜半にもかかわらず、アジェは家まで来て父を宥《なだ》めてくれた。時にはアジメ（叔母さん）も一緒に来てくれた。解体業のアジェは体力があり温厚な性格で、来てくれると父の癇癪《かんしゃく》は治まった。

アジェの家も同じように狭い家だった。奥の部屋に三人の子供が団子状に寝ていた。概ね、一世の家族は似たような環境の中で、生きてゆくのに必死だった。

後年19歳で家を出るとき、父に初めて私が口応えをした。

「お父ちゃん、オレはお父ちゃんの子供やけど、その前にオレもお父ちゃんと同じ、ひとりの男やで！　せやからオレをいつまでも子供扱いせんと、同じ男として認めてくれ！」

黙って静かに聞いていた父が、なんとも寂しそうな表情で私を見つめ、うっすらと目に涙を滲ませていた。

以来、父から叱られることもなく、体罰も受けることがなくなった。亡くなるまで、いつも穏やかでやさしい眼差しで見守ってくれた。素晴らしい父であった。

陽のあたらない我が家だが、長屋の朝は早い。隣の森永のおじいさんは、入口の土間で、モヤシを栽培して生計を立てていた。朝5時から手押しポンプで地下水を汲み上げる。ガチャ！　ガチャ！　ザァーッ、ザァーッという音が2階の床越しに聞こえてくる。

毎朝6時になるとすぐ傍らを走る阪急電車宝塚行きの高架の音が響き渡り、否応なく起床となる。

今日は小学校1年生のハレの入学式。嬉しさのあまり一睡もしていない。横を見ると、兄も弟も、まだぐっすりと眠っている。

入学式当日、校門右側に建つ二宮金次郎の石像脇に咲いたソメイヨシノが満開になっていた。新品の制服、新品の運動靴。上から下まで新品ばかり。嬉しさのあまり、半分駆け回りながら校庭に向かった。

手元にその日、家の6畳間で撮った家族の記念写真がある。私ひとりが笑っている。幼少期の写真は、私は何故かいつも笑っている。

悲しいことも、寂しいことも、あの時代は沢山あった。兄弟が抱き合って泣いた晩も数え切れない。しかし、写真の中の私は、いつだって笑顔を見せていた。

小学生時代の最も嬉しい思い出は、1年生から3年生までの3年間に集約される。10月第1週の日曜日に開かれる運動会だ。姉は卒業していたが兄がまだ同じ小学校にいた。スポーツ万能の兄の活躍が楽しみで仕方なかった。

当日、運動場に引かれた100メートル、6コースのラインを囲み長いロープで父兄観覧席が区切られる。

父は外出の際、いつも糊の効いた白いワイシャツに、三つ揃いかダブルのスーツに蝶ネクタイと決まっていた。家にいるときも常に姿勢を正し、漢文の書物を山と積み上げた書台の前で、胡坐《あぐら》を組んで日がな一日、書き物をしていた。

ヒゲをたくわえた父は、小学校の校長先生より遥かに威厳があり、どちらが校長先生かわからないほどの貫禄を備えていた。そしてPTA役員であった父は来賓と共に特別席に座っていた。

これという娯楽のない時代、家族揃っての運動会は一大行事だ。流れる音楽に自分の出場する種目でもないのに気持ちが鼓舞され、ただでさえ落ち着きのない私は、誇らしくて嬉しくて、自慢の父の席と自分たちのクラス席と家族席とをグルグルと用もなく回り続けていた。

午前の種目が終われば、待望の昼食。前日から母が仕込んだ料理がゴザの上に広げられ、家族たち皆が座り、手づかみでわっしわっしと口に放り込む。母も父も柔らかな笑顔を浮

寡黙で威厳のあった父（前列左から3番目）。著者は後列左から2番目

かべ、我が子の豪快な食べっぷりを見つめていた。次から次に私たちの前に料理を回してくれる。兄に負けじと、私も懸命に平らげていく。穏やかで、優しい時間だった。

スポーツ万能だった兄は校内一のスプリンター。運動会の華は、学年からふたりずつ代表が選ばれる紅白メドレーだった。1年生から6年生まで、紅白に分かれて1周100メートルをリレーする。兄はこの日も別格の走りで観客を沸かせた。1位から半周遅れでバトンを受けた兄は、弾丸のごときスピードで瞬く間にトップランナーを追い抜いていく。兄の走りは、ほとんどの父兄や生徒にも知れ渡っており、スタートするや全校生徒が兄に声援を送っていた。6年生の時には、兄はアンカーとして堂々1位のテープを切っていた。

まさに運動会のヒーロー。私の誇る兄がそこにいた。

兄はいつだって優しかった。一緒に遊んで、一緒に働き、兄として弟を守ってくれていた。長男ということで父も母も兄を特別扱いしたが、その分、様々な行動制限を課せられていた。兄は父親のDNAを引き継ぎ、極端な正義感の持ち主で、融通が利かない頑固者でもあった。真面目の塊、石部金吉だ。

一方の私は、どんな環境も自身の血肉にするだけの要領の良さというか、ズル賢さという名の適応能力を持っていた。

兄にもたくさんの迷惑を掛けてしまったが、未だに私を心配し、気遣ってくれる。

大晦日の母

思い出が暗転する。

「永ちゃん！　あんたは十三大橋。お姉ちゃんは毛馬《けま》と運河の川下まで行ってくる！　1時間たってもおれへんかったら戻ってくるんやで！」

姉が叫ぶ。毎年12月31日の大晦日《おおみそか》、母が家を出て行方不明になるのだ。小学1年生から5年生までの5年間は、この騒ぎをはっきり記憶している。毛馬というのは、淀川と旧淀川（大川）を隔てる水門の地で、家から1キロ以上離れている。家族が分かれて探しに回るのだ。街灯も少なく、夜の淀川堤防はなお暗かった。川向こうの十三の飲み屋街も大晦日はほとんど灯りもない。

月の光や星の光の明るさも、幼少時に知ったものだ。私は泣きべそをかきながら、

「お母ちゃん！　お母ちゃん！」

と叫ぶように、淀川の土堤の上を駆けずり回った。

泣き疲れ、走り疲れて長屋に戻る。まだ、姉も兄も戻っていない。不安に胸が張り裂けそうになる。姉が戻ってきた。悲しそうな顔をしている。声がかけられない。

兄が戻ってきた。顔が合う。涙しか出ない。

奥では、父が黙考をしているのか、音ひとつしない。

夜の9時半、10時、柱時計の針の動きが音もせずに聞こえてくる。突然、入口の開き戸があいた。母が真っ白な顔をして入ってきた。姉が母に泣きながら駆け寄っていく。兄も私も母に抱きつく。

母が帰ってきた嬉しさ、安堵感、それだけで胸がいっぱい、頭がいっぱいになる。

「かんにんな…、かんにんな…」

母はそう言いながら姉を抱き、兄と私の頭をなでた。

12月31日の大晦日に限って、何故母が家を飛び出すのか。その理由は、〝不意の外出〟がなくなった小学6年の大晦日までわからなかった。

それまでの母は、朝6時から深夜まで休むことなく働き続けていた。父の世話から、炊事、洗濯、闇米の買い出し、そしてドブロク酒の仕込みなど、一斗袋をふたつも背負って歩く姿がこの目に焼き付いている。姉によれば、一斗袋の上に私を背負って歩いていたこともあるそうだ。後年、両膝関節を痛め、歩行も困難な状態だったのは、当時の無理が祟《たた》ったのだろう。

365日働き尽くめの母。しかし働けど働けど余裕の出来る日は来ず、正月の餅を用意することも難儀であった。何もかもが辛く、一息入れなければ気が狂いそうになる……。それが大晦日の夜だったのだ。ひとりになり、どこへ行くともなく、ただ気持ちを鎮めるためだけに、夜を歩いていたのだ。

当時の姉は結核を患い、高校にも行けず、療養の末にようやく健康を取り戻して洋裁学校に通っていた。私が6年生になった頃、家で父の在日仲間の子女の洋服を作るようになった。姉の裁縫で、ようやく母ひとりに頼っていた家計の足しができた。このこともあって、以後、母が家を飛び出すことはなくなった。

先生の涙

小学1年から3年までの担任は本城先生。涼しい目をした美しい、泣き虫の先生だった。三年生の時、同級生にある母子家庭の男の子がいた。ある日、授業が終わってのホームルームで、本城先生が思いつめた顔で、保管していた遠足のお金が無くなっており、誰か正直に言って欲しいということだった。

生徒皆が驚き教室がざわつく中、本城先生が突然、下を向いて大粒の涙を流し肩を震わせ始めた。

ごんたくれの私の指定席は、いつも教壇の一番前のど真ん中。目の前で静かにポロポロと涙を落とす先生に驚きながら、その姿を見つめていた。静まり返る教室。訳も分からず私も半分もらい泣きをしながら、何とはなく後ろを見ると、その男の子が先生と同じく下を向いたまま泣いていた。

先生は顔を上げ教室全体を見回し言った。

「決してその生徒が悪いのではありません。自分の机に置きっ放しにしていた私が悪いんです。その生徒も十分反省しています」

先生の涙に反応してシクシクと泣き出す女の子もいたが、その男の子の姿だけが子供心にも切なかった。

先生はおもむろに笑顔を作りながら、

「この話は先生の失敗。無かったことにして下さいね。誰にも言わないで下さいね」

そう言って話題を変えたのだった。

私はしばらく本城先生を見つめていた。私がいまでも女性の泣き顔に弱いのは、この時の本城先生が、あまりにも美しく感じられたからだった。

クラスのマドンナである奈緒子ちゃんの顔は思い出せないが、本城先生はその時に着ていたワンピースから髪型、目もと、口もとまで、全て写真を見るように脳裏に浮かぶ。

学校の成績自体は悪くなかった。我ながら地頭は良かったのだ。知能指数の測定では学校でトップクラス。しかし勉強をしないので、こと教養には関して欠落していた。

先生からは、

「学校で一番のいい数字が出てるんやから、試験やって一番にならんのおかしい。なんでや？」

と言われたが、勤勉さとはほど遠い性格なのだから仕方がない。

「お前が日本で生きていくのなら、学問を身につけないといけない」

父親からもよくそう諭《さと》された。厳しい父で、朝6時に起こされてきょうだい5人で家中を拭き掃除させられ、壁に貼られた『論語』を読まされる。正座して読まないと殴られた。

柔道やりたい、ボクシングやりたい、空手やりたい。そう頼むたびに反対された。

「お前そんなもの習ってどうするのか。チンピラか暴力団になるつもりなのか」

男の子だから強くなりたいし、スポーツも好きだった。

習い事を止められ、その反動でヤンチャをした。そのたびに父に怒られた。毎度のごとくヒモで足を括られ、太い木綿針で足を刺され、リンゴ箱の板切れでふくらはぎから血が滴《したた》るほど叩かれる。父はとかく躾《しつけ》には厳しかった。しかしこれほどまでに殴られるのは私だけだった。兄弟は真面目で、飛びぬけてごんたくれの私は、悪さをしては怒られることの繰り返しであった。


当時、子供の遊びといえばチャンバラごっこが一般的だったが、閉鎖社会の中津では、剣客のまねごとをするのは主に日本の子であった。私たち在日の子は探偵ごっこ、缶蹴り、ベーゴマ、相撲や陣地取りなどで、日が暮れるまで遊んだものだ。

時には日本人チームと、在日チームと分かれて競うこともあった。狭い地域ゆえに、小学1、2年の中に中学生も混じっている。地面に1メートルほどの平行線を描いて通路エリアとし、その端をスタート、もう一方の端をゴールとする。そして最終地点までに線から出たら失格というゲームがあった。侵入者を突き飛ばし、ド突き合いながら一番奥の陣地を目指す過酷な闘いで、子供遊びの次元を超えていた。

一ゲームごとに攻守を交代し、攻めのチームはひたすら前進し、守るチームは妨害する。〝日韓戦〟の熱気は、身近な所で体に刻まれていた。

4年生時のクラス替えで、新たに担任となったのは中年の男性教師だった。元軍人で、チョビ髭を生やし、幼稚園時代の〝ダルマ先生〟の男性版。まるで戦争映画に出てくる悪徳憲兵役で、あからさまに在日を蔑視していた。私の〝どんた〟ぶりも年を重ねるごとに磨きをかけていたが、ある時、その180センチもあろう筋骨逞しい男性教師が10歳の私を自分の顔の高さまで掴み上げ、頭や顔を叩き続けた。大人からビンタの嵐を受けたのはこの時が初めてだった。余程の恨みか偏見か、その時の男性教師の目付きを今でもはっきり覚えている。あまりの仕打ちに頭も心も混乱した。

幸いなことに、この差別主義者の下で過ごすのは1年間で済んだ。

私はいまでも在日という出自を差別する者は絶対に許さないし、そうした者には殺す覚悟で全身全霊で対峙する。在日を見下す人間への怒りは、この頃から今日まで、心の奥底で消えることなく燃え続けている。

当時、私には好きな子がいた。ある日、中津のライバルの男子がその子の前で、「ニンニク臭い！　キムチばっかり食うからやろ！」と私をからかった。無論コテンパンにやっつけるのだが、〝彼女の前でからかわれた〟という事実が、私には問題であった。

我が家の朝は母のどぶろく作りで慌ただしい。母は作業の合間、子どもたちのために、蒸して広げた米を片手でギュッと掴み、一口大のお握りを作っていく。キムチをオカズにそのおにぎりを胃に流し込むのが私たちきょうだいの朝食であった。もちろん日常の食事も本国スタイルで、ニンニクの匂いが身体中に沁み付いていた。

食後に歯磨きをすれば良いものだが、時間的にそんな余裕はない。好きな子の目の前でからかわれた次の日から、私は横着にも、当時普及してきた練り歯磨きを、朝食後のデザート代わりのように口にし始めた。幼心ながら、口臭が消えるような気がしたのだ。

半年ほど続けると、全身に大量の吹き出物が出来た。芯のあるしつこいもので、両親も病院に連れて行くが、なかなか治らない。私は相変わらずキムチ臭いと言われるのが嫌で、しっかりと〝練り歯磨きデザート〟を励行し続けていた。

ある日、「ひょっとして…」と思い至り、練り歯磨きを食べるのを止めたところ、嘘のように症状が治まった。後に判明したことだが、それは鉛中毒であった。当時の練り歯磨きには鉛が入っていて、それが蓄積したことによるものだという。

以降、何かと吹き出物が出来やすい体質になった。若くして私が禿げたのも、当時の練り歯磨きの影響でないかと、今でも本気で思っている。

「韓国人です」

1959年（昭和34年）、大阪市立大淀中学に入学した。この前年に東京タワーが完成。即席ラーメンが登場した。長嶋茂雄が鮮烈にデビューし、相撲は栃若時代が幕を開けていた。テレビでは月光仮面がオートバイで疾走し、石原裕次郎の人気が頂点となっていた。時代は高度経済成長の真っ只中であった。

中津周辺の阪急京都線の拡張工事も完成を控えていた。

中学時代はまだ純情そのもの。ガキ大将だったが、まだあくまで〝ガキ〟の範疇で、喧嘩に明け暮れる日々でもあった。

その頃から、南北朝鮮の激しい対立が、国内の在日世界にも顕著に影響を与えるようになっていた。民団と呼ばれる韓国系の「在日本朝鮮居留民団」（後に在日本大韓民国民団）と、北朝鮮系の「在日本朝鮮人連盟」（後に在日本朝鮮人総聯合会＝総連）が結成され、在日もそれぞれの組織に分かれて所属するようになった。

民団と総連の対立は子供たちの世界にも及び、私らは総連系の朝鮮学校の生徒とは幾度となく殴り合いの喧嘩を繰り広げたものだ。怖がって逃げる子も多かったが、私は一度も逃げなかった。たとえ喧嘩に勝てなくても立ち向かっていった。

周囲は雑草の生い茂る空き地や倉庫が建ち並んでおり、戦いの〝リング〟はどこにでもある。他の中学校とのいざこざも絶えなかった。同級生からは頼りにされ、やられた生徒が泣きついてきた。頼まれると嫌とはいえない性分、相手をやっつけに何度も飛びだした。体力では誰にも負けなかった。やられればやり返した。喧嘩に明け暮れ、気付けば番長となっていた。

乱取り10本、ハジメー！

エイッ！　オウッ！

タッー！　オウリャー！

ダーン！　バーン！

柔道部でもないのに、部員に混ざって、組み手に汗を流していた。父親からは反対されていたが、〝血の騒ぎ〟は止めようがない。道着はもちろん、その日練習に参加していない部員のものを拝借して、強引に飛び入り参加していた。

部長の先生は体育教師で、身体は大きいが、教師に成り立ての新人。われわれ在日の生徒に対しては、ずいぶんな遠慮が感じられた。

ある日、例のごとく、飛び入り練習中に校庭で怒鳴り声が響いた。私には直感があった。〝あいつら〟が仕返しにきたに違いない。そのまま裸足で校庭に飛び出した。案の定、ジュンイチだった。朝鮮学校生徒にして、中津一のトッパクレ（はねっかえり）である。年は私より3歳下、ジュンイチの姉は私と同学年で、親戚は売り出し中の暴力団組長である。

喧嘩はワンサイド、見事なまでのパッチギ（頭突き）炸裂！　もちろん私の勝ちだ。校庭で練習をしていたハンドボール部のほぼ全員が、クモの子を散らすように逃げ回り、校庭の真ん中にジュンイチと仲間がうずくまっている。

「こらっ！」

部長の先生が一喝をくれた。声を聞くなり、ジュンイチの矛先は先生に向かった。先生に一撃をくれて、塀に向かってカモシカのように走り出し、まるで東映の忍者映画の猿飛佐助のように、2メートルはある塀を軽々と越えて消え去っていった。

喧嘩相手のジュンイチは朝鮮学校で揉まれに揉まれ、喧嘩のやり方を習得したヤンチャ者だった。後年、私の不良グループの一員となるのだが、彼の姉が北朝鮮への帰還船にひとりで乗った影響から、民族意識に目覚め、手堅い事業家に転じ、せっせと北の本国へ送金を重ねていた。無茶な喧嘩をする男だったが、私には逆らわず、酒を飲んでも、私が酔えばすぐ醒めて介抱役に徹してくれるいい男だった。

高校は、地元で有名な進学校である北野高校への進学を希望した。受かる自信もあった。しかし、担任の先生の反応は違うものだった。

「北野や市岡（高校）はちょっと難しい。大事取って、ガチガチのところでいかんとしょうがない」

そう判断されてランクを落とされた。

東京オリンピックを間近に控えた１９６２年（昭和37年）、大阪府立東淀川高校に進学した。東京が世界で初めて人口１０００万人を超えた年である。橋幸夫と吉永小百合の『いつでも夢を』がレコード大賞を獲り、ラジオでもこの歌がいつも流れていた。

東淀川高校は、55年に設立された新設の府立高校。団塊の世代ゆえに１学年４５０人いた。２５０人が女子で、２００人が男子。共学校で、他ブロックから来ている生徒が大半だった。

入学式当日に運命的な出会いを果たした。式の後、クラス編成が発表され、各教室でホームルームが開かれた。1年3組、担任は数学教師の門田弘先生。この先生も私の人生に多大な影響と啓示を与えてくれた恩師である。

門田先生の挨拶の後、各自の自己紹介が始まった。私は教室に入るなり、ひとりの女生徒に目が釘付けになった。

中津では到底見かけることができない、可憐な雰囲気を漂わせている。一見、不二家のペコちゃんにも似た、丸顔で独特な清潔感を感じさせる女の子。それが私の永遠のマドンナとなる花恵ちゃん（仮名）であった。バチンと体中に電撃が走った。瞬間的にその子だけが浮かび上がり、他の生徒は一切目に入らない。

アイウエオ順に自己紹介が進み、私の番が来た。

「大淀中学から来た湖山永中です。自分の親は漢方薬の先生をやっています。韓国人です。母親も韓国人です。大学は国立の理工系に進学したいと思っています。趣味はスポーツです。柔道と自己流の空手を少しやります。以上です」

正面を向いて、一気に喋って着席した。立ち上がったときから着席するまで、私は彼女ひとりしか意識していない。彼女ひとりに語ったのだった。

突然のカミングアウトであった。その子だけには、自らのアイデンティティを正直に告げたかった。私の勢いに押されたのか、教室内は静まりかえっていた。

彼女の順番が来た。ショートカットの頭が立ち上がる。

「久間花恵です。十三中学から来ました」

そこまで聞いて、驚いた。あまりにも低いハスキーボイスだったからだ。これだけの短い自己紹介で、彼女は着席してしまった。もっと声を聞きたい。顔も見たいと思えど、当時の私はまったくの奥手。自分の潜在意識にある劣等感が、私をその時々、歪《いびつ》な方向へ誘導していくようだった。

彼女とは残念ながら交際までには到らなかった。後に、ある芸能プロ幹部と結婚したと聞いたが、いまでも彼女に恋している。私の生涯における永遠のマドンナだ。


入学式の当日から、彼女が好きだということをアピールしてきた。

「花恵ちゃんに手を出す奴は、オレを敵に回すことになるぞ！」

そんな〝光線〟を体中から発していた。

彼女のことが好きだという他の男子もいたが、私の無言の圧力を前に皆諦めていった。別に暴力を振るうわけではない。相手に遠慮を迫る作戦だった。その作戦は上手くいっていた。青春時代の甘酸っぱい笑い話のようなものだ。

担任の門田先生は立派な教師だった。

「社会に出れば、韓国人だと差別してくる輩《やから》は必ずいる。それに打ち克《か》ってがんばらんとアカン」

繰り返しそう諭してくれた、愛情溢れる先生だった。

校舎の周囲を田畑が占める東淀川高校は、私の育った中津の超閉鎖的な環境と比べると、その解放感たるや天と地ほどの差があった。

駅から学校までの通学路は大半がぬかるみだったが、見渡す限りの田園風景の中で、住宅建設も始まっていた。傾いた長屋の、それも一番奥の陽もあたらぬ家で育ってきた私にとって、全てが新鮮、全てが感動だった。跳ねるようにして舗装もされていない道を嬉々として通った。

憧れのマドンナと同じ教室で、同じ空気を吸っているという事実だけで、私には日々の学校生活が夢のように感じられたものだ。

校内では上級生の問題児からも一目置かれ、100メートル走でも陸上部のエースが記録した11秒2には及ばぬまでも、11秒8の自己ベストを記録。柔道部員が使う50キロのバーベルを片手で持ち上げたときは、体育教師の山崎先生が眼を白黒させていた。

これら全てはマドンナたる花恵ちゃんの目を意識してのこと。ひたすら自己の存在をアピールし続けるためのことであった。

私の住む中津の長屋の屋根に上がれば淀川が望めた。川向こうに十三という歓楽街のネオンが眼に入る。その外れにラブホテルが2軒あり、横には産婦人科病院が、その隣に花恵ちゃんの住む2階家がある。在学中の3年間、ことに3年生の時は、雨天以外はほぼ毎晩屋根に上がって花恵ちゃんの自宅方向を見つめ、胸を焦がしたものだ。

あの時代、在日社会にも経済的成功者が続々登場していたが、我が家の家計はさほど好転してはいなかった。姉の洋裁注文も増え、父の作る漢方薬も一定数の客を抱えていたが、母のどぶろく造りはまだ続いていた。

私は小学4年生から新聞配達をし、中学校からは兄と共に牛乳配達をやっていた。牛乳配達は、新聞配達以上に朝が早い。冬の配達はつらかったが、毎朝送り出してくれる母の笑顔に元気づけられ、まだ真っ暗な世界を走り出したものだ。

われわれ在日2世はみんな似たり寄ったりの環境で生きていた。血を吐くような親の苦労、その背中を眼に刻みつけ、「なにクソ！」と己を鼓舞する日々だった。

川向こうの煌々とした灯り。こちらは街灯の明かりさえまばらな、暗い暗い、すり鉢の底のような朝鮮部落。なぜ日本で生まれたのに、日本人として扱われないのか。

物心ついたときから父親には、「己の人格を己が尊重せよ」とよく言われた。在日一世は、己の運命やその境遇に妥協できず悶々とした苦悩の人生を送った人が大半ではないだろうか。

自我というものに徐々に目覚め、世の不条理にも関心が高まっていった。親の苦労だけでなく、姉の焼夷弾による大火傷の痕跡を見るたびに、国家のエゴに憤り、怒りと悲しさに、頭の中がぐちゃぐちゃと沸騰した。

中津の中でもまた差別があった。朝鮮部落と日本の被差別部落。貧しさ、差別されてきた境遇は同じはずなのに、小さな村の中でさえ〝さらに下の人間〟を作ろうとする。人間の悲しいエゴが、生活の中に当たり前のように存在していた。

それでも、川向こうの花恵ちゃんを想うたびに嫌なことも雲散霧消した。当時、大流行していた映画『ウエストサイドストーリー』のトニーとマリアに自分達を置き換え、夢想に浸る。劇中、トニーは死んでしまうが、私もいつ死んでもいいほど彼女を思い続けた。

エクレア

2年生のクラス替えで、彼女とは離れ離れになった。この世に〝もし〟はないが、もしあの時、彼女と同じクラスのまま卒業していたら、間違いなく私の人生は違うものになっていたであろう。

この時ばかりは門田先生を恨んだ。彼女は門田先生のクラスにそのまま残っていたからだ。二年生からはいわば自暴自棄。彼女のいない教室に意味はなく、彼女に認めてもらう場面ももうない。朝夕の登下校時にふと彼女の姿を見つけて、何気ない仕草を見ることが唯一の救いだった。

かろうじて進学クラスに残留したが、勉強にも運動にも一切の関心が持てなくなった。ただただ早く社会に出て、父、母、きょうだいを朝の陽があたる家に住まわせてあげることが第一番の目的となった。

3年になると自暴自棄もエスカレートし、校外での事件も起こした。恐喝、窃盗、暴行傷害を繰り返し、喧嘩相手に大けがを負わせ、悪質性が高いということで家庭裁判所に送致された。兄に強烈な一撃を喰らったのはこの時のことだった。頭が痺れるほどのビンタだった。このとき、兄は目に涙を浮かべていたのを覚えている。

そんな私を救ってくれたのは、門田先生だった。指導主任という立場で、警察からの問い合わせ、裁判所への上申書、職員会議での弁護など、あらゆる場面で私を守ってくれた。無事、卒業できたのも門田先生のおかげである。

父親が家庭裁判所の審判に保護者として同席してくれた。この父の同席がなければ、そしてまた、門田先生の上申書がなければ、私は間違いなく少年鑑別所送りであった。

女性裁判官が諭すようにいった。

「立派なお父さんが、責任をもってあなたを教育していくと言われている。学校からも、教師としての指導不足もあり、勉学の機会を奪うにはもったいないと書かれた上申書が出ています。施設に送るのではなく、お父さんに預かって頂くのがよいと判断しました。しっかり頑張るんですよ」

この時、鑑別所に送られていれば、私はより典型的な破滅型の人生を送っていたであろう。悲痛と苦痛の交じり合った父のあの時の顔は、形容する言葉が見つからない。家庭裁判所からの帰り道、両肩を落として歩く父の姿に、恥ずかしさと後悔、どうしようもない遣る瀬無《やせな》さで、死んで詫びたい気持ちになった。

審判の後、学校の正式な処分が決定するまでの1か月の間は、自宅謹慎ということで、家から出ない生活が続いた。

学校でどういう会議が開かれていたかはわからない。門田先生が週に一度、夜8時頃、中津の家を訪れ、父とふたりで頭をつき合わせるように話をしていた。2階にいた私は、ふたりの様子をうかがうように、1階の奥にある便所に降りていく。しかし、ふたりとも私の顔を見ない。夜の9時に、先生が帰られるからと母親が私に告げる。阪急電車の高架軌道横を歩き、国道23号線まで母親とふたりで見送った。

尼崎市立花に先生の自宅があり、国道でタクシーを停める。母親は必ずタクシー代として5000円を渡していた。固辞していた先生だったが、泣きつくように懇願する母親に押し切られて、恐縮しながら受け取っていた。

この5000円は当時そのままの金額である。今に換算してどれくらいのものか、それを考えるだけで胸が痛くなる。母親は、父が肺炎になり近所の医者に往診を頼んだ時も、その度に5000円を渡していた。

懸命に働く母、スポーツ万能できょうだい想いの兄、空襲で体に大火傷を負ってしまった姉、その空襲で亡くなったもう一人の姉、軽度の小児麻痺を患った弟、一番末の可愛い妹。ごんたくれの私は、いつもほったらかしであった。兄や姉ときょうだい喧嘩をした時には決まって、「お前はガードの下に落ちていたのを拾ってきた子供や。包んでいた座布団の色、柄まで知ってる」とよく言われ、何度も泣いたことを思い出す。

それでも母は、私のために必死だった。

1か月後、自宅謹慎が解けて登校することになった。停学、あるいは退学処分を主張する先生方のなかで、ひとり門田先生が粘り強く説得して、謹慎6か月という校内処分で決着したということを父親から聞いた。

公立高校ということで、停学、退学などの処分をすると、大阪府教育委員会に届け出をしなければならない。在日の私は、国籍だけでなく学歴の上でもハンデになるとの判断で、教育委員会に届け出の必要がない〝謹慎処分〟という寛大な処置をとって頂いたのだ。

但し、その後の学校生活には条件もついた。朝何時何分に家を出たという父親のサインをもらい、学校に着くとそのまま職員室に行き、教頭から時間を記した登校のサインをもらう。それを大学ノートに半年書き付けるのだ。

革靴ではなく運動靴での登校。学生服は普通の既製服と決められた。革靴で蹴り上げた相手が大けがをしたからだ。制服はズボンの幅を普通サイズにして目立たぬようにせよということだった。


「湖山、今日ちょっと一緒に帰らへんか?」

松下がいつものヒョウキンな顔をして、私を誘いに来た。

「なんでや!　一緒にどこへ行くねんな?」

唐突な誘いにそう応えた。

「高橋と一緒に梅田で喫茶店に行く約束してんねんけどな、久間（花恵）も一緒に来るいうてな。湖山君を誘うて、一緒に行こうという話やねん」

頭を下から突き上げるような衝撃が走った。なんという僥倖《ぎょうこう》。お先真っ暗な自爆寸前の俺にこんなことが起るのか？〃天にも昇る〃とはこのことであった。

「エッ！　それホンマか？　お前、まさかオチョクッテんのと違うやろな？」

松下は、みんなから〃チョロ松〃という愛称で呼ばれていた。身体は小さいが、陸上部のスプリンターで、フットワークの軽さが売りのナイスガイ。周囲の気持ちを和らげる育ちの良いボンボンタイプ。安藤、川崎と共に、私にも普通にモノをいえる間柄であった。

どうやってその店に行ったのか、まるで覚えていない。記憶力は良く、ましてや花恵ちゃんとの初デート。忘れるはずがないのだが、スッポリと記憶から抜け落ちている。しかし店に着いて以降の光景は、全て鮮明に、昨日のことのように蘇る。

御堂筋に面して、梅田新道という交差点がある。御堂筋と曽根崎通の交差点で、7本の国道の結節点でもある。阪神百貨店を右に回り、御堂筋沿いの歩道を50メートルほど歩いた先にエーワンベーカリーというガラス張りの喫茶店があった。物心ついて以来、そのようなお洒落な高級店に入ったことも、店頭に並ぶパンやケーキ類を手に取ったこともない。

平静を装って松下の引率するまま、2階のカフェに上がっていった。店構え、店頭に並ぶ食品の色とりどり、焼きたてのパンの香ばしい匂い。高橋と花恵ちゃん、ふたりは先に着いて10人掛けのテーブル椅子席に並んで座っていた。

校内一の不良、それも硬派を気取っている男が、喫茶店に入って気後れする姿など見せられるはずがない。だが、何をどう注文するのかもわからない。

彼女の顔を間近に見たい。言葉を交わしたい。その一念だけで来たが、一切の主導権を持てず、挨拶も満足にできない。ぶっきらぼうに彼女の前の椅子に腰を下ろした。学生服姿の4人が喫茶店に入るだけで補導員に学校へと通報される時代。だが、なにも怖くなかった。彼女と身近に接することに比べたら。

松下が機転をきかせて注文をしてくれた。

「エクレア4つ。僕らはコーヒーやけど、自分らは?」

「私らもコーヒーでいい」

そんなやりとりがあった。内心「エクレア? なんやそれ?」と思っていた。

眼前40センチ先に花恵ちゃんの顔がある。下を向いたり、横の高橋と話をしたり、私とは会話する気がないのかと思うほど話をしない。私は完全に舞い上がっていた。形容詞が出てこないほどの幸福感と充実感に浸《ひた》っていた。

すぐにエクレアなるものとコーヒーが運ばれてきた。細長いパン状の物体の上にチョコレートが大きくかかっている、シュークリームの親分のようなケーキだった。前のふたりが食べるのに合わせて、見よう見まねで口に運んだ。内心はドキドキ、でもカッコは一人前につけて。

「ウワーッ！　なんやこれは！」

甘くて優しいクリーム状の餡《あん》と、チョコレートのほろ苦さ。生まれて初めての高級ケーキ。中津の駄菓子屋のお菓子と、法事で食べる韓国の甘い餅。スイーツといえばこれらが全てだった私にとって、エクレアの味は〝未知との遭遇〟に近いものだった。

後年、『ワンス・アポン・ア・タイム・イン・アメリカ』という映画を見たときのこと。劇中、不良の子供が宝物であるショートケーキを持って、好きな娘の気を引こうとするシーンがあるのだが、この時の私の気持ちがそのままフィルムに焼き付いていた。身につまされる想いで、繰り返しそのシーンを見たことを思い出す。映画のＢＧＭを聴くだけで、私はエーワンベーカリーを連想し、花恵ちゃんの顔が浮かぶのである。

松下と私、高橋と花恵ちゃんの、いわゆる〝ダブルデート〟。コーヒーとケーキを食べて、「じゃあね」で終わった束の間の幸せだったが、これは後に続く劇的ともいえる出来事の前触れであった。

夢の世界

高校3年生の2学期の学期末。世間がクリスマス大商戦の真っ最中、我が家はその活気とは無縁の重苦しい日々が続いていた。陽も早く落ち、暗闇が広がる中津の長屋。

「永ちゃん、電話やで」

階段の小さな踏み板を叩きながら、母がそう言ってきた。私に電話をかけてくる者など、心当たりもない。怪訝《けげん》な思いで返事もせずに下に降りていった。

黒い電話器は父のすぐ横の簿記台の上にあった。父はものも言わず私を睨み付け、無言のまま読みかけの漢文の書籍に目を落とした。機嫌が悪いのがわかる。父を意識しながら恐る恐る受話器を取り上げた。

「もしもし」

「湖山君、あたし」

瞬間、耳を疑った。その声の主が、花恵ちゃんだったからだ。1年生で初めて聞いて以来、耳から離れたことのないあのハスキーボイス。受話器越しに心臓の鼓動が聞こえやしないかと身構える。父は聞き耳を立てているに違いない。

大変な事になった。咄嗟《とっさ》の判断で、さり気なく小声で話す。

「ウン、どないしたん？」

父が緊張を解いたのがわかる。

「いまから出てこれる？」

〝敵〟はさり気なく、サラリととんでもないことを言ってくる。

「ウン、エエよ」

「6時に梅田駅の改札出たところで待ってるね」

「わかった」

受話器を握る手が金縛りにあったように固まっていた。父に動揺を悟られないよう、静かに受話器を置く。

「ちょっとだけ、出かけてくるから」

父に有無を言わさぬよう、決めつけてそう言った。なにか言いかけた父を無視して2階に上がる。大変なことになった。あの花恵ちゃんが、こんな時間に自分から「会いたい」と言ってきた。ダブルデート以来、すれ違いのひとつもなかった。

嬉しさと驚きと不安。落ち着け！　落ち着け！

着ていく私服も限られている。兄のお下がりのよれよれのコート。丸首セーターも兄のお下がりだ。兄は長男ということもあり、すべて新品を買ってもらっている。4歳下だが、私の身体はいまや兄より大きい。それでも、不満を持ったことは一度もない。

母の優しさを、買ってやりたくてもお金がない苦労を知っているから。服の心配など一瞬のこと。薄っぺらいコートをひっつかみ、逸る気持ちを押さえて階段を降りた。

母も怪訝な顔をしているが、

「早よ、帰ってくるんやで！」

の一言で送り出してくれた。家を出た途端に走り出した。

自宅から阪急中津駅まで約200メートル。駆けに駆けた。2階の改札口まで階段を2段飛びで上る。

学校で使う定期券は梅田とは反対方面行き。しかしそんなことは関係ない。

ホームに駆け下りるが、電車がなかなか来ない。高校進学の時、父の後輩である林の兄ちゃんにお祝いで買ってもらったセイコーのスポーツマチックの自動巻腕時計を、何度も見る。約束は6時。ホームから飛び降り、線路の上を梅田まで走って行こうか……。そこまで考えていたら、十三方面から各駅停車の電車が来た。寒い冬の晩にもかかわらず、全身は汗でビッショリ。なんとも気持ちの良い爽快な気分で電車の到着を待った。

梅田駅は阪急百貨店の1階半分を占めるドーム状の駅だ。花恵ちゃんは、独特のアンニュイな雰囲気を漂わせ、出口の先にある大きな石柱に持たれるようにして立っていた。淡いベージュの暖かそうな防寒半コートを着ている。人混みのなかでひっそりと佇《たたず》む可憐な花一輪。初めて見る私服の彼女は、妙に大人びて見えた。

「待ったか？」

「ウウン」

彼女はそのまま黙って身体《からだ》を翻《ひるがえ》し、梅田地下街の階段に向かい、私の存在を無視するかのように人の流れに溶け込んでいった。戸惑いながらも慌ててあとを追う。新しくできた地下街だが、どこを抜ければどこに出るかは熟知している。高校2年生から始まった不良生活の基地が、この地下街を基点にしたエリアであり、その中心が曽根崎警察署だった。この地には苦い想い出が詰まっている。

彼女は、両手をポケットに入れ、うつむき加減に迷いなく先に歩いて行く。横に並ぶこともままならぬほど人が多い。ひたすら従うように歩く。後ろを振り向こうともせず歩き続ける彼女の姿に、戸惑いが募る。

曽根崎警察署の東側にうめだ花月劇場があり、その間に南北を200メートルほど貫く商店街がある。この商店街東側裏に曽根崎小学校が建ち、まわりはびっしりと様々な飲食店が並ぶ。小料理屋から一杯飲み屋、寿司屋、バー、スナック。ちょっと怪しげな、大人の匂いで充満する歓楽街だ。商店街を出たところで歩みを緩め、少し緊張した面持ちで、あの低い声を発した。

「ごめんね。びっくりした?」

「うん、びっくりした」

「ねぇ、なにか一緒に食べる?」

「いや、親父が電話受けたやろ。飯は帰って食べる」

「そう……」

これだけの会話であった。嘘か真《まこと》かわからぬが、彼女と友人の3人で、私の中津の長屋の入口まで来たらしいことを、松下から少し前に聞いていた。当時、男でも敬遠する者がいた中津の朝鮮部落に、例え長屋の入口までとしても、女子高生が来られるものではない。中学・高校を通じて、私の家に来た友達は1人もいない。呼んだこともないし、来ることなど思いもしなかった。

「そう……」

彼女が発したのはその一言のみで、なにか思い詰めたような機嫌の悪そうな表情でゆっくりと歩き出した。入学式で強烈な〝天の啓示〟を受けて以来、ひたすら想い続け、夢想してきた彼女が、いま突然の呼び出しをかけてきて目の前にいる。

私は混乱の極みにいた。硬派を気取って突っ張ってきたが、生身の女性には手を触れたこともない。戸惑いと混乱の只中で、ただ一緒に並び歩いている。

曽根崎小学校の東側に『ワールド』というダンスホールがあった。彼女はうつむき加減ながらも平然と、その『ワールド』の東側の暗い通りに進んで行く。手を繋ぐわけでもなく、ひたすら無言。私も話しかけることもしない。

その道は少し行くとラブホテル、いわゆる連れ込み宿が並んでいる。私はまったくの子供であった。男女の関係というものは頭では知っていたが、この瞬間、この時間に、彼女との決定的な関係を結べる可能性があったなど、万にひとつも思い至ることはなかった。

何もないままひたすら夜の街を徘徊《はいかい》し、いたずらに時間だけが過ぎる。そのうち、父親の怒りの顔が浮かんできた。

「もう帰らなアカンわ……」

自分からそう切り出した。深夜ならまだしも、まだ20時過ぎ。彼女は少し戸惑っていた。

天真爛漫で自由な性格の彼女のことだ。我々在日の〝父親に対する畏怖〟など、わかるはずもない。家裁まで行く事件もあり、父親は一層厳しくなっていた。

2時間半あまり、その通りを往復周回していただけだったが、夢の世界にいる私にとって、一緒に歩いているという事実だけで周りも見えず時間もわからぬほど至福であった。

「うん、そうしようか」

梅田新道交差点まで直線距離にして200メートル。

「あっちにお姉ちゃんがやっている喫茶店があるねん」

私に言うともなく、そうつぶやきながら、彼女はまた先行して歩いて行く。交差点を過ぎ、桜橋に向かうところでポツリと言った。

「じゃあ、湖山君、ここでね」

「わかった。じゃあな！」

余韻を楽しみながらきびすを返し、小走りに梅田駅を目指した。この夜以来、卒業するまで彼女からの連絡は一切なく、言葉も交わしたことはなかった。

10年ほど後のことになる。

「いらっしゃい！」

8月、残暑の厳しい真夏の夜、私は親父さんの威勢のいい声に迎えられて、行きつけの寿司店の引き戸を開いて店内に入った。父と息子のふたりで営んでいるカウンターだけの小さな店だ。深夜2時頃まで営業しており、北新地のクラブで飲んだ後、お気に入りの娘を連れて、ちょくちょく通っていた。

この夜は近くの賭場で遊んでいた。深夜0時、小腹も空《す》いたので刺身と生ビールでも、と運転手ひとりを連れて店を訪れた。

「適当に美味《おい》しいとこ切ってくれるか！」

そう言いながら一番奥の定席に向かって歩き、思わず足が止まった。

私の定席に、忘れえぬマドンナ、花恵ちゃんが静かにひとり座っているではないか。

花恵ちゃんも私に気付くと、下を向いて固まっている。

彼女の前には湯気の立つほうじ茶のあがり茶碗が置かれていた。持ち帰りの寿司を頼み、出来上がりを待っているのだろう。淡い色の夏物カーディガンをまとい、静かにうつむく横顔は、落ち着いた穏やかな顔だった。

浴衣《ゆかた》で着流し姿の私は、

「こちらの注文を先にしてやってや。オレのは後回しでいいからな」

そう言って浴衣の裾《すそ》を端折《はしょ》りながら、彼女の隣の席に腰を下ろした。

「結婚したらしいな？」

「ウン」

俯《うつむ》いたまま、彼女は小さく頷き、つぶやいた。

「よかったな」

「ウン、ありがとう」

小さな声でまたそうつぶやいた。親父さんは黙って息子の仕事ぶりを見入っていた。時折、板場に立っている息子の高下駄の足音が聞こえる。

5分にも10分にも感じられる沈黙が続いた。たかだか2、3分のことだったろう。

「お待ちどおさま！」

沈黙を破って、息子が出来上がりを告げる。彼女はおもむろに顔を上げ、寂しげな表情で私を見つめた。

「湖山君、元気でね」

「おう、自分も幸せにな」

精一杯の強がりだった。

「ありがとう。じゃあね」

折り詰めを親父から受け取り、一礼をして静かに店を出て行った。アカンタレでロクデナシの私。26歳の夏。以来、彼女に会っていない。15の春から、いまなお私に大きな影響を与え続けている女性である。

第二章

本職の人々

高見兄弟

喧嘩三昧の滅茶苦茶《めちゃくちゃ》な高校生活だったが、それでも進学校だけに、大学受験に取り組むことになる。希望校は大阪大学だったが、先生からの許可が下りず、大阪府立大を受けた。案の定と言うべきか、不合格だった。受験勉強のラストスパートをかけるのが、あまりにも遅すぎた。私自身、これで学校に行かなくてよいという解放感さえあった。

しかし、「大学にはどうしても行って欲しい」と、母親に泣かれた。親として、私の将来が心配で仕方なかったのだろう。

結局、私立の大阪工業大学を受けて合格した。当時20万円ほどだった入学諸費用も、親と姉が無理して工面してくれた。１９６５年（昭和40年）の大卒初任給は２万円。20万円は家計を揺るがす大金である。私の大学進学は、母と姉の汗と涙のたまものだった。

入学した年の6月、日本と韓国の朴正煕政権との間で、日韓基本条約が結ばれた。これにより、在日韓国人には日本の永住権が認められた。民団の創設期から熱心な活動家であった父親はこの年、民団の大阪地方本部北大阪支部の団長に推されていた。

一方、北朝鮮を支持する人たちが作った総連は、いわゆる帰国事業の真っ只中にあった。総連は北朝鮮を「地上の楽園」と喧伝して、帰国を煽っていた。

吉永小百合が主演した映画『キューポラのある街』（浦山桐郎監督）は、この帰国事業が物語の柱のひとつだった。公開されたのは、少しさかのぼる１９６２年（昭和37年）のことである。父たちはこの帰国事業に対し、猛烈な反対運動を展開していた。北朝鮮へ向かう船が出る新潟まで行き、帰国者を乗せた列車を止めようと線路に座り込んで反対の旗を振っていた。父が主張していたように「地上の楽園」などまったくのデタラメだったわけだが、多くの在日同胞が欺《あざむ》かれ、北朝鮮に帰っていった。

しかし、そのような歴史の渦から、私はまだ遠い所にいた。

中津の長屋の同じ並びの5軒先に、安本という家があった。幼稚園の頃、寝小便をすると籠を持って塩をもらいに行かされた家だった。この安本のおばちゃんに「永ちゃん、カゴ被り！」と言われ、私が籠を被るやいなや頭から塩をぶっかけられ、箒《ほうき》の刷毛《はけ》の部分で思い切り叩かれるのだ。寝小便をした子供に対する、朝鮮半島特有の風習である。まだ小さな私は驚いてその辺を逃げ回ったものだ。

この家の光雄という息子が私の３歳上で、柔道部の主将として鳴らしていた。姿三四郎に倣って、〃中津の三四郎〃を自称していた。顔も男前だが、柔道は確かに強く、自己流の空手も彼から学んだ。

安本光雄のほかにもうひとり、格闘技の猛者《もさ》が私の連れの中にいた。京都の龍谷大学相撲部主将の菅原という男で、彼も高校時代は柔道で鳴らしていた猛者。私より一回りも身体が大きい。

ある日、菅原と安本とともに、大阪・京橋のキャバレーで飲んでいた。菅原が女友達のホステスと同伴出勤して、これに付き合わされたのだ。早い時間から飲み始めたので、客もホステスもまばらだった。

喧嘩の口火は菅原が切った。ダンスをしようとホステスといっしょに席を立ち、前方のホールに向かって歩きかけたとき、地元のチンピラ4、5人から絡まれた。

酒が入っていたこともあり、そのままドツキ合いに突入である。無論、私も即座に参戦した。こちらはふたり、相手は4、5人だが、弱すぎて喧嘩にならない。そこで私がさらに悪ノリしてしまった。倒れている男の頭をビール瓶で割ってしまったのだ。瓶のガラスは少し厚いので、傷が大きくなる。男の頭から、血が勢いよく噴き出す。始めてしまったものは途中で止められない。菅原とふたりで散々痛めつけた。

ほんの数分のことだったが、店内は大騒ぎになっている。同伴の客が入り始めており、周囲には結構な人数が集まっていた。

ホステスから、何やら耳打ちされた菅原が言った。

「おい永中！　これら、『い聯合』の者らしい。すぐに事務所から人が来る言うとるから、ここは出ようや」

最後に、床に転がっている男の顔を蹴り上げて、足早に出口へ向かった。向かいながら、私は安本を罵《のの》り続けた。彼は私たちふたりが戦っている間中、大声で「やめろ！　やめろ！」と言うだけで、まったく参加してこなかったからだ。

空手の有段者は手足が武器とみなされ、喧嘩で相手にケガをさせた場合、一般人よりも罪が重くなる。しかし、仲間が多人数を相手に殴り合いをしているのに、黙って見ている者は男ではない。なにが中津の三四郎じゃ！　バカか！　と散々にこき下ろした。

喧嘩は事後処理が大変だった。京橋には当時、武闘派として有名な「い聯合弁天一家」という組織があった。戦前・戦後を通じて一大歓楽地として栄えた京橋地区だが、ここにもまた大勢の在日がいた。

い聯合の行動隊長的な存在だったのが、「弁天の安・辰」という兄弟で、その名は私ら子供の間でも知られていた。そこの若い者を袋叩きにしたのだから、タダで済むはずがない。なんといっても、い聯合は「殺しの軍団」と恐れられた柳川組に対しても、一歩も引かず五分に渡り合った組織だ。

店から出た私は、まわりのホステスからの連絡で、弁天一家だけではなくい聯合の他の枝（下部組織）の者にも招集がかかり、集まり始めていることを知った。

菅原が泣いてきた。ホステスとのつながりから、弁天一家が自分にたどり着くのは時間の問題であり、どうしたら良いかとの相談だった。

私はそこまで大騒ぎになるとは思わなかったが、少し前、中津の長屋で挨拶を交わしていた1人の男性を思い出した。

それが、高見敬一さんだった。

中津の同じ長屋に、高見さんとその弟の政男さんという兄弟がいた。ふたりは高見組を率いていた。高見政男さんといえば京阪神では知らぬ者はない暴れ者で、実兄すら持て余すほどの厄介者だった。政男さんはいつも懐《ふところ》に刃物を呑んでいて、なにかといえば、すぐ刃物で人を刺すことから「人斬り政」という通り名が付いていた。

この人の実際のケンカは見たことはないが、高見組が所属する上部団体・酒梅組系審良連合では、筋を通す実兄より、筋も何も関係なくやるときはやるタイプの政男さんのほうが恐れられていた。

高見敬一さんとは出会って間もなかったが、中学時代のケンカ相手、朝鮮学校のジュンイチは高見さんの甥っ子で、狭い中津の朝鮮部落ではどこかで人間関係が繋がるものだ。近所の在日のおじさんに会いに行くノリでなんの構えもなく正直に相談出来た。

中崎町から徒歩5分ほどの所に、北野病院という総合病院がある。その病院の西側、住宅密集地の中に、高見さんが副会長を務める酒梅組系審良連合の本部があった。

近所まで行くと、木造の建物の前に人だかりがある。高見さんの知り合いが京橋でモメたとのことで、若い衆が早合点をして緊急招集をかけたため、連絡の付いた者がぞろぞろと詰めかけていたのだ。

「エライことになっとるなぁ」

映画の世界に飛び込んだようで、私は気分が高揚するのを感じた。事務所に案内されて中に入った。小さな6畳ほどの土間があり、その奥は畳の上に絨毯《じゅうたん》を敷いた応接間だった。土間も応接間の中もびっしりの人、人、人……。

全員が殺気だった雰囲気で、今にも飛び出さんばかりの態勢だ。応接間の隣にある小部屋に高見さんがおり、その横に人のよさそうな年配の男性がチョコンと座っていた。

「おう、入り入り！　兄貴、これオレの弟分でな、湖山というねん」

高見さんは続けて私に言った。

「うちの会長や。挨拶しい！」

呑まれてなるものか、と思うものの緊張は隠せない。精一杯、落ち着いて挨拶した。

「こんな時間にすみません。湖山です」

年配の男性は、見かけと違わぬ優しい物言いだった。

「審良です。なんやモメたらしいけど、ケガはないんか？」

「ハイ！　ありません」

「そうか。ほなら高見によう話をしときな」

それだけサラッと言うと、席を立って出ていった。応接間や土間にいた人たちが一斉に頭を下げる。

「ご苦労さんです！」

（こりゃ、完全に映画の世界やな、やっぱり本チャンは違うな〜）

不思議と冷めた目で、その光景を観察している自分がいた。

高見さんが会長を玄関まで送り、部屋に戻ってきた。面白そうな顔で聞いてくる。

「何があったんか、話してみいな」

ことの顚末をかいつまんで説明した。同じ長屋の安本が一緒だったことも話した。

「そうか、わかった！　そら相手が一方的にだらしのない話や。ヤクザ者が学生相手に喧嘩を売って、おまけにシバカレまくって。こんなもん、表沙汰になったら向こうの下手打ちになるだけで、その若い者も破門を喰らうで！」

まるで大岡裁きのような、明確な判断である。

「オイッ！　い聯合の本部に電話して、岡村さんに連絡つけて欲しいとオレの名前で言え！」

土間にある事務机の上に置かれた電話で、若い人がすぐに電話をかけるのが見えた。

「ほうですか。ほな連絡待っています。失礼します！」

若い衆が、威勢よく張り上げた声が事務所に響く。

「叔父貴、すぐに連絡つけて、岡村副会長から電話させますとのことです」

高見さんは返事をせず、右手を軽く上げた。私の目は、高見さんの一挙手一投足に釘付けである。

（エライ貫録や、さすがやなぁ。なるほど、こういう場面やからこそ、落ち着いて親分らしく行動せなアカンねやな。ハッタリは通用せんのや。なるほど……）

ひとり感慨にひたっていると、表からまた大声が響いてきた。

「ご苦労さんです！」「オハヨッス！」「オッス！」

迫力のある男が入ってきた。ユル・ブリンナーそっくりのツルツル坊主頭。濃い眉毛に、キリリとした眼差し。両手をポケットに突っ込んだまま、高見さんに軽く頭を下げる。

「なにかあったんですか?」

言うなり、私にねめつけるような一瞥をくれた。高見さんが言う。

「おう中納。これはオレの弟分でな、湖山いうんや。湖山、これ中納や。うちの若頭や」

挨拶をしようと立ち上がりかけたが、先に向こうが私から視線を外し、高見さんの方を向いてぶっきら棒に聞いた。

「ほんで、どないしまんねん」

「いや、出入りにはならん。いま岡村からの電話待ちや」

「そうでっか。ほんだら若い者、招集解きまっせ。よろしいでっか?」

「オウ、そうせいや」

短いやりとりだけをして、ユル・ブリンナーは座りもせず、土間に向かって言った。

「オイッ、今日はもう解散! 当番、集合につかんかった者の名前を明日出せ! 以上!」

簡潔明瞭。言うべきことだけを伝え、若い者らの大声で送られ、若頭の中納さんは颯爽《さっそう》と消えていった。

一世と二世の差

「叔父貴、岡村さんから電話です」

高見さんが、土間へ下りて受話器を取った。

「岡村さん、夜分にすんまへんな。お宅の弁天の若い衆と、オレの義弟で学生やっている者らが、京橋の店で軽い喧嘩になったらしいんや。こちらはふたりやけど、そちらは４人で、これらをちょっとイタズラしたらしいわ。こちらは運動してるもんやから、元気出して、お宅の若い子にちょっとケガさせたみたいや。オレの義弟もケガしとるけど、たいしたことない。要するに子供の喧嘩みたいなもんやから、お互いになかったことにして、フタをしてやってくれへんかな」

「うん、うん。そうやね」

「そうか、スンマヘン！　そういうことで、よろしく頼むわな」

電話のやり取りが終わって、高見さんが戻ってきた。

「話はついた。せやけど、まだ人がウロウロしとるかも知らんから、今日は早よ帰った方がいいで。明日、またなんぞ変わったことでもあったら、電話しといで」

こちらも長居は無用である。挨拶だけ簡単にして、早々に事務所を後にした。

話は前後するが、ここで高見さんを初め在日一世のことについて触れておきたい。

実弟の政男さん、高見組の舎弟頭の張本正來さんなど、高見さんの周りにいたのはほぼ全員が在日の先輩だった。高見さんの下には組に属さない若者もいた。こちらも在日が多く、中には東京で活動している面々もいた。花のお江戸で一旗揚げようと、大阪から勝負しに行ったのだと、本人たちから直に聞いたことがある。

政男さんは、義理ごとにはほとんど参加しない。ニヒルな表情を浮かべ、誰と会話するでもなく、必ずといっていいほど隅の方に陣取っている。しかし、その存在感は凄まじかった。

目立っていたのは熊のような体格の張本さんだったが、誰もが政男さんに神経を遣っていた。いつの間にか政男さんの姿が見えなくなり、亡くなったと聞いたのは、京橋での喧嘩騒ぎから約4年後、私が大学を中退して1年後のことであった。

親族だけの寂しい葬儀で、焼き場までついていった。骨上げの時、高見敬一さんが泣いているのに驚いた。政男さんは私とふたりきりの時によく言っていた。

「永ちゃん、兄弟の言うことは信じたらあかんで。兄弟は計算する人間や。オレを見たらわかるやろ。兄弟を信用したらあかんで」

高見さんの涙を見て、私は思った。あぁ、この人も地獄を生きているのだと――。

政男さんが言う〝計算〟は、商売人や博打打ちの打算という類のものではない。済州島から逃れてきた高見の家の長男として、家族みんなを背負っていくのは、並の苦労ではなかったはずだ。政男さんの言葉は、兄貴に対する僻《ひが》みであろう。

高見敬一さんについて、母親からこんな話を聞いたことがある。終戦後、阪急中津駅の改札口を横に行くと、国道が走る大きな高架橋がある。それを上がったところに、かつて阪神電車北大阪線中津駅というのがあった。一両編成のいわゆるチンチン電車で、天六（天神橋筋六丁目）駅と野田駅を結ぶ路線だ。その駅横で、高見さんは親や姉たちを養うために、私の母と同じく密造酒を売っていたらしい。

当時の高見さんは、真面目で親孝行の礼儀正しい好青年だった。しかしある日、福島から天六までを縄張りにするテキ屋に店を潰され、本人も大ケガをさせられた。高見さんは、それがきっかけで事件を起こし、愚連隊の仲間入りをしてあっという間に多くの配下を従え、駅前の通称・阪神裏と呼ばれた旧闇市を仕切る親分になったのだという。

高見さんが、柳川組の初代親分と「兄弟」と呼び合うのを聞いたことがある。舎弟頭の張本さんが、柳川組四天王の金田さんと兄弟付き合いをしていたことから、高見さんの強さは、まんざら噂だけのものではなかったと思う。

彼ら在日一世と、われわれ二世とでは苦労の質が違う。その時代に在日が生き延び、家族の面倒までみるとは、高見さんの苦労はいかばかりであったか。


話を戻す。

大学は大阪市旭区の大宮にあった。通い始めて3日もしないうちに大宮周辺は制圧した。大学では応援団や柔道部がデカい顔をしているが、しょせんは田舎の学生。実戦経験の差があり過ぎて、校内の連中など問題にならなかった。

大学の近所に、4人打ち・貸し卓専門の雀荘があった。いつも50人ほどの学生でいっぱいで、ムンムンとした熱気が満ちている。3、4年生はタバコを吸う者が多く、年中煙が充満していた。

「おーい、コヤマ！」

後ろから大声で私を呼ぶ声が聞こえた。牌《パイ》をかき混ぜる手を止めて振り向いた。12卓ほどある麻雀卓は、その日も全て学生で埋まっていた。

声の聞こえた方に向いて、負けずに大声を返した。

「なんや！」

すると、その声の主であろう体格の良い男が、人を小馬鹿にしたような、角の立つ声で返してきた。

「お前と違う！　別のコヤマや！」

生活の糧のかかる麻雀の手を止められた上に、屋根の上から投げつけるような物言いに立腹した私は、負けずに言い返す。

「まぎらわしい名前を、エラそうに呼ぶな。このバカタレが！」

「なにぃ！　お前、先輩に向かってそのものの言い方はなんや！　ちょっと出てこい！」

そう言うなり、自分から表に出て行くではないか。

やり取りを見守っていた雀荘の客が全員、一斉に手を止めて私に視線を向けた。その男は雀荘の古株で、それなりに一目置かれていたようだ。対する私は新入りである。「こいつ、えらい目にあいはるど」という好奇の眼差しを感じながら共に卓を囲んでいた仲間に「ちょっと、このまま待っててな」と声をかけて立ち上がり、出口に向かおうとしたら、連れのひとりが心配そうに言った。

「おい、あいつ柔道部の3回生で、ちょっとうるさい奴やで。止めといた方がいいのと違うか？」

「そんなもん関係あるかい」

そう言いながら出口の方を見ると件の男の尻にくっついて、同じ柔道部員と思しき連中がゾロゾロと出ていくところだった。

麻雀店を出て、右に折れると大宮会館というパチンコ店があった。その横を南北に流れる小川に沿って北上すると、大学の校舎に出る。

柔道部の連中は大学へと向かっていく。ハハ〜ン、道場にでも連れて行って痛めつけるつもりやな。

そう思い、なにか得物になりそうなものはないかと見回すと、いい具合に割れたレンガが道端に落ちていた。私はそれを摑むなり、先頭の男に言った。

「オイ、どこまで行くんじゃ。話があるなら、ここでせいや！」

「クソ生意気なガキやな、こいつは！」

男は振り返り、立ち止まっている私に向かって歩いてきた。私は物も言わず、後ろ手に回して摑んだレンガを、男の頭に叩きつけた。

ゴツンという鈍い音と共に、男はその場に頭を抱えて倒れ込んだ。

呆気にとられている柔道部員らをひとニラミして啖呵《たんか》を切った。

「文句があったらいつでもこい！」

まさかの展開に、誰ひとり向かってくる者はいない。

「オレに喧嘩を売るなんぞ、お前ら10年早いわい！」

摑んだレンガを小川に投げ込み、私は勝負途中の雀荘に向けて、悠々と戻っていった。

これ以降、旭区大宮の小さな学生街では、誰も私を新入生扱いせず、ましてや先輩面して上からモノを言ってくる人間は一人もいなくなった。

路地裏の魔窟

北新地に接する梅田新道交差点横に、「大阪屋」という知る人ぞ知るオーダーメードの靴屋があった。１９５７年（昭和32年）に出たフランク永井のヒット曲『１３，８００円』は、当時の大卒初任給の額だ。私の大学時代には2万円を超えていたが、大阪屋の靴は1足の値段が少なくともその2倍はした。革や形にこだわれば、10万円を超えた。

一流ホテルのフロントにいても不思議ではないジェントルな店長が、端正ないでたちで店頭にいた。彼は、店の前を通りかかることの多かった私を必ず呼び止めて、店内でお茶を勧めてくれた。時にはコーヒーとシュークリームやエクレアを、隣のエーワンベーカリーから取り寄せてご馳走してくれたこともある。このエクレアは私が生涯忘れることのできない、見るだけで心臓の鼓動の高まりを覚える逸品だ。

自分でも持て余すエネルギーで、夜ごと繰り返す熱病のような狂宴に疲れ、ひとり頭を冷やしにこの道を黄昏時に歩くのが、なによりの癒やしになっていた。

ここはなんといっても御堂筋のとっかかり、大阪一の上品な通りだ。憧れの大阪屋の靴を履き始めて間もない当時の私は、一日も早くあの野良犬のような集団が巣くう餓鬼界から這い上がって、陽のあたる表通りを闊歩して見せるのだと、秘かに野心を燃やしていた。なんといっても、その原点が隣のエーワンベーカリーだった。

店の前の歩道に漂う甘く香ばしく切ない香り。その香りが私を、濁って爛《ただ》れた生活から一瞬、覚醒させる。

事故のような事件が起きたのは、66年5月、大学二年生の風薫る季節のことだった。

行きつけ店の「喫茶トリオ」から北へ10メートルも歩けば大通りに出る。その向かい筋の角に深夜までやっている大型果物店があった。この店の裏が、地域でも有数の〝魔窟〟であった。南北約50メートル、東西が約100メートル。曲がりくねった細長い路地に沿って、200〜300の店舗や事務所がひしめき合っている。街灯も満足に無い。

この地が厄災の場所となった。

当時、私が毎晩のように一緒に飲み歩いたツレは、兵庫・西宮に本家がある老舗組織の三次団体の組員で、見た目は年齢不詳だが、私より一回り年上の気のおけない男だった。繁華街から遠くない、大通りを渡った裏町に事務所兼宿舎があった。

その組は、売春と覚せい剤を主な収入源とする小さな組織だった。土曜と日曜は公営競馬のノミ屋や、麻雀賭博などで稼ぐ程度の地味な所帯だ。件《くだん》のツレは、事務所で寝起きするウダツの上がらぬ正直者だが、他人にも自分にも嘘をつけない律儀さがあった。

彼と落ち合うのはいつも深夜で、私のまわりのパチプロや不良学生は、たいていは翌日に備えて帰宅しているか、彼女とデートしているかのどちらかだった。

ある日、それまで2度ほど連れていかれたことのある店に彼が私を誘った。

「おう、行こか！」

先導されなければ、どこに何があるのかわかりもしない。折れて曲がって、10メートルほど進んだ暗がりから、いきなり声がかかった。

「オイ、コラ！　ようもオレをコケにしくさったなっ！」

怒号を上げるなり、声の主は前を歩くツレに体当たりをしてきた。背は私より低いが、肩が広く、腹も出ている。

「ウッ！」

ツレは一声呻《うめ》いて、その場に倒れ込んだ。腹を刺されたらしい。瞬間、私は反応した。

相手の得物を確認せぬまま、相手の身体に体当たりし頭突きを入れる。その勢いで、ふたりは左側建物の壁にぶつかり、もつれあって倒れた。

地面は市電の線路に敷き詰められるような、古い自然石が使われていた。相手には不運だった。私の得意技は、体落としや小内刈りで相手を転ばせ、髪の毛を摑んで頭突きを入れるか、摑んだ頭をそのまま地面に打ちつけるものだ。

もつれ込んだ時点で、髪の毛は摑んでいる。上手く私の頭の真下に相手の顔があった。見知らぬ人間の予期せぬ反撃に面喰らっているのか、血走った眼を大きく見開いて私を睨みつけている。何も言わずに相手の頭を石畳に打ちつけた。

ゴンッ。

1打目で眼の光は消えた。2打目、3打目と打ちつけるが、何の抵抗もない。力も完全に抜けている。こちらも酔いは醒めた。ツレを痛めつけられたという一念だけが私を突き動かした。ゴン!　ゴン!　と続けざまに鈍い音が響く。

そのひとコマ、ひとコマがスローモーションで流れているのを、高いところから見つめているもうひとりの自分がいる。この不思議な感覚は、もう何度目になるのか。喧嘩に明け暮れていた時代、ある瞬間からこの感覚を覚えたことがあった。こうなると痛みも感じなければ、死への恐怖心すら感じない。

いつだったか割れたビール瓶の底で、最後の仕上げとばかりに眼を突かれたときもそうだった。割れたガラスの尖った先がスローモーションで向かってくる。

「あぁ、来る。目の玉に刺さるのは避けなければ」

別の私が、頭の中で私に囁くのだ。

この時も、実際にはほんの数秒間の出来事だった。相手はピクリとも動かない。髪の毛を摑んだ手が、溢れ出る血でベトベトになっている。髪の毛の中からズルッと手を抜いた。血の臭いが立ちこめる。横を向くと、倒れたままのツレが心配そうに私を見ている。

「おいっ、大丈夫か？　どこを刺された？」

「オレは大丈夫や！　永ちゃんは？」

その声を聞いて、現実に引き戻された。

「おいっ、とりあえず体かわそうや！」

言うなり立ち上がって、ツレを引き起こした。薄明かりのなかでも、石畳の上に流れ出している血が鈍く光るのがわかる。

倒れ転がっている相手の右手に、鈍い光を放つ刃物があるのを確認した。

「死ぬも生きるもおのれの運じゃ！」

そう独りごちて、奥の迷路へふたりして駆け出した。幸い誰とも遭遇していない。角を

2度曲がると、遠くからパトカーのサイレンが聞こえた。

「オイッ！　腹のどこ刺されたんや？」

「肝臓は大丈夫や！　うちが使える医者があるから、今から行ってくる。永ちゃんは知らん話やから、そういうことにしといてや！　頼むで！」

「ほなら、そういうことでな」

ツレは腹を押さえてはいるが、内臓に傷はついてない様子で、口調もしっかりしている。そこは阿吽の呼吸。お互い、現場から遠ざかる方向の左右の路地を、何食わぬ顔をして、普通に歩き出した。運否天賦《うんぷてんぷ》、なるようにしかならん。沸き立つ興奮は収まり、冷めた頭でこの後の展開を想像した。血でヌメっていた左手が、早くも乾きはじめていた。

警察の追手

その翌日の夕刻のことだった。先日、大阪商大の空手部に所属する不良から紹介してもらった、藤田紀子という大阪樟蔭女子大に通うえらく美人の女の子と、午後6時に「喫茶トリオ」で待ち合わせていた。彼女の同級生がその不良仲間と付き合っていたことから、以前にお茶を飲んだことがあり、そのあと頼み込んで約束を取り付けていたのだった。

6時少し前に「トリオ」に入ると、その娘はすでに来ていた。入口左の奥の隅にチョコンと座り、大きな愛くるしい眼で私を迎えてくれた。笑顔も素晴らしい。到底、私には手の届かぬような高嶺の花だ。『美女と野獣』。そんな形容がピッタリのふたりである。

はやる気持ちを抑えて、

「待ったか？」

と声をかけながら、そのテーブルに近づいた。

「いま来たところよ」

聞いて頷きながら椅子に座った途端に、慌てた様子で不良仲間が店に飛び込んできた。同じ大淀中学で2年生の時に姿を消し、その後に再会していた勇という男だ。

勇は、入ってくるなり私に言った。

「おいっ！　永中、網下りた！　はよ、体かわさなアカン！」

勇は父親が警察官で、殉職したという話を聞いたこともあった。再会したときには、れっきとした組織の準構成員となっており、なぜか警察情報には明るかった。

勇の声を、入口レジ台で聞きつけた店主が、慌てて飛んできた。学校の先生みたいな眼鏡の奥で半分泣き出しそうな目をして、

「永中さん！　2階に上がって！」

そう言いながら、自分が先に2階への階段を上がりだした。2階はその頃流行《はや》り出していた「同伴喫茶」という、通路の左右にベンチシートの列が縦に並ぶカップル専用のフロアーになっていた。シートは背もたれが少し高く作ってあるので、座ると天井のない、横に細長い個室といった感じがする。照明も許容範囲ギリギリまで落としてある。

「永中さん、こっち！」

店主が半螺旋状の階段を上がって、左側一番奥の通路へ案内してくれた。

「ここで座っててな！」

中ほど、右列のベンチを指定された。目を凝らしてみると、どの席にもカップルがいる。右も左もいる。

「コーヒーを持ってきますな！」

そう言って店主は、癖がある黒い蝶ネクタイの位置を直しながら戻っていった。

「何があったん？」

「いや、ゴメン、ゴメン。チョットだけやから辛抱してな」

彼女の問いにそれだけ言って、全神経を階下に集中した。空気が張り詰めているのをひしひしと感じる。

（あっ、来よった！）

4、5人が螺旋階段を上って来る気配がした。
背後の通路を、ふたりが左右をチェックしながらゆっくり歩いてきている。もう少しでオレたちのところにくる！

彼女とは手を握ったことも無いが、迷っている暇はない。私は恋人同士のフリをしてやり過ごすことにした。訳の分からぬまま驚いている彼女の首の後ろに右手を回し、左手で顔を引き寄せ、そのまま唇を塞ぐ。

左側に人の気配があり、止まっている。一呼吸、二呼吸、動いた。前のベンチの方に移動した。また来た。今度は速い。警察はそのまま歩いて前に進んだ。

さすがに、警察もキスをしているカップルを引きはがし、顔を改めるということまではできない。先に行った人間のつぶやきが聞こえる。

「おらんなぁ……」

私がカップルでいるとは想像だにしていなかったのだろう。ふたりして向きを変え、足早に歩いていった。その気配を感じて、やっと口を離した。さぞ私は間抜けな顔をしているのだろう。彼女の緊張感が和らぐのがわかった。

「悪かったな」

彼女はあどけなさの残る可愛い顔で、首を横に軽く2回振った。一難去ったからばかりではない。私の中で急速に彼女への恋心が芽生えて、愛おしさが増してきた。その気持ちはどんどん膨れ上がり、期待に胸が膨らむ。心臓が高なり胸囲が2メートルにも達してしまいそうだ。その酔いは、店主の一声で妨げられた。

「永中さん、ここはなんやから、こっちに来て！」

店主の誘導で2階右奥にある従業員の更衣室兼物置に案内された。

「ここで待っといて！　また来るから、ジッとしているんやで！」

そう言い残して、慌てて戻っていった。5分くらい経っただろうか。店主が戻って来た。

「裏にいた警察がみんな前に回った。今やったら裏口は誰もいない。裏から早よ逃げ！」

普段から、いろいろと好意的に接してくれていたが、ここまでしてくれるとは有り難かった。店主は右奥突き当たりの裏口に出る階段に下りていく。続いて私。彼女も何の疑問も持たぬ表情で続いた。下りたところに裏口の扉があった。店主が扉を開けて半身を乗り出し、振り向いて言った。

「いまや、早よ行き！」

「悪いな！　ほんだらな！」

彼女の手を握り、薄暗い裏道に出るや、私たちふたりは駆け出した。

新御堂筋道路の高架がまだなかった時代、裏道から車の通る大通りに出るには、北へ行くか南に行くかしかない。北へはすぐに出られる。しかし、私はあえて距離のある南側の大通りを目指した。南にある大通りの向かい端に曽根崎警察署があった。刑事たちはその曽根崎署から来ているはずだ。警察署の方向に逃げる者はいない。彼らはそう考えると読んで、私たちは南に走った。

それが正解だった。通りへ出てふたりで腕を組み、何でもない顔をして少し歩いてタクシーを停めた。行く先は彼女が決めた。

「運転手さん、東大阪の小阪へ行って下さい」

私の顔を見て平然と言う。

「私、友達の家の離れを借りて下宿してるの。狭いとこやけど、とりあえずそこに行こ」

行きがかり上とはいえ、同伴喫茶というとんでもない所で、男に強引にキスされ、訳もわからないまま一緒に逃げ出している。しかし彼女の元来の気質が好奇心旺盛であった。この頃には積極的に私を心配し、何とかこの場面を切り抜けようと協力し出したこの言葉であった。

鹿児島へ

近鉄奈良線の河内小阪駅前を右折して、車で2、3分のところに彼女の下宿先があった。敷地200坪ほどの民家、その庭木に隠れるようにして建つ物置を改造した小屋が彼女の部屋だった。着くなり、私のいまの事情を簡単に話した。容疑が晴れるまで、大阪にはいられない。どこかに隠れる必要があった。

「わかった。明日、朝一番の飛行機で鹿児島に行こう。実家の私の部屋が空《あ》いているから、そこにいたらいい。私がお母ちゃんに話すから、余計な心配せんでいいよ」

私の干支と同じ、彼女も〝イノシシ〟であることは、先日初めて会ったときに聞いていたが、この物怖じしない果断さはどうだ。私がまだ具体的になにを頼んだわけでもないのに、怖がるでもなく、いやがるでもなく、自らこう提案してくれたのだった。

「そんなん、お父さん、お母さんがビックリするで！　無茶やで！　それにな、オレは韓国人や。絶対に無理や」

「何いってるのん。そんなん関係ないよ。うちのお父ちゃん、お母ちゃんも台湾から引き揚げてきて、朝鮮の人たちも、台湾で一緒に住んでいたと聞いたよ。大丈夫！　遠慮せんといて。それに、お母ちゃんは成田山で得度して、家にもお不動様を祀って毎日拝んではるから、きっと力を貸してくれるよ」

私が押されている。同じ大学生だとは知っているが、チンピラ丸出しの不良学生相手にここまで言うとは。１００人いたら１００人とも裸足で逃げ出すに違いないこの場面、彼女は逆に楽しんでいるかのように、大きな瞳をキラキラ輝かせながら私に詰め寄ってくる。あり得ない展開に戸惑いながらも、同時に言葉にできない快感に浸っているもうひとりの自分がいた。

「そうか、それならお前に甘えてみるわ。鹿児島に連れていってくれ」

私の肚も決まった。彼女は満面の笑みを浮かべて立ち上がり、

「ちょっと待っててね。母屋に電話借りにいってくるね！」

飛ぶように土間に降りると、サンダルをひっかけて出ていった。

えらいことになったな……。〝地獄に仏〟とはこのことか。きっとお不動さまが守護してくれているのだ。なるようになる。なるようにしかならない。

そこで初めて彼女の部屋を見回した。物置だったところに畳3帖ほどの座敷があり、土間に小さな流し台が置いてある。小さな文机と本箱、簡易型の衣装ケース、隅に布団一組が畳んである。よく見ると土間の奥にも押し入れ様のボックスがあった。西側の壁に大き

な窓が切ってあった。外の街灯か、月明かりか、窓いっぱいの庭木の緑が、光の濃淡を演出していた。

間もなく彼女は母屋から戻ってきた。

「明日朝の便、ガラガラやった。行けば乗れる。お腹も空いたし朝早いから、そこの銭湯でお風呂入って、その前に簡単な食事もできるお好み焼き屋さんあるから、そこでなんか食べへん？」

「うん、わかった。公衆電話どっかにないか？」

「お風呂屋さんの前に公衆電話があるし、お好み焼き屋さんにも赤電話あるよ！」

短い会話を交わしながら、彼女は洗面道具を調えている。

まるで新婚夫婦のようだ。強引なキスはしたが、ただそれだけのこと。しかし今夜の展開もある。期待と妄想で胸を膨らませながら嬉々として彼女に従い、裏木戸を出てほのかな明かりの中、ふたりで銭湯に向かった。

身分は一応大学生ではあるが、チンピラ丸出しの不良学生。金なし、目標なし、追われる立場。そのような私と彼女の行きがかり上からの不思議な縁が始まった。

その後、この小阪の下宿は彼女が学生の間、私もしばらく世話になった場所である。三帖ほどの小さな部屋、銭湯、その前にあるお好み焼き屋。まだ私に何にも無かった頃の、『神田川』的な思い出である。

鹿児島での〝奇妙な生活〟は、半年ほど続いた。鹿児島鴨池飛行場（旧鹿児島空港）に隣接する新興住宅地に彼女の家はあった。「藤田善治」と表札のかかった木造平屋建て、裏庭に面した一番奥の小さな部屋が彼女の部屋だった。

居間の奥にはお不動様が鎮座していた。

案内されたその日に善治さんと顔を合わせたきり、半年間顔も見ず言葉も交わすこともないまま、挨拶もせずに大阪に戻ってきた。「招かれざる客」であるのは承知のうえだったが、徹底して無視された。

当たり前の話である。箱入り娘を大阪の大学に行かせたのに、突然訳のわからぬ男を連れてきたのだ。あげく自分の部屋を当分の間使わせてやって欲しいと母親に頼み、本人は学校があるからと大阪にUターンしていった。

救いは裏庭からそのまま裏木戸に出られたことと、便所が奥にもうひとつ付いていたことだ。着の身着のままできたが、彼女の母親が下着3組、靴下、パジャマを部屋に届けてくれた。着いたその日から、市内一番の繁華街である天文館通りに出かけ、一人打ち可能で「一見さん歓迎」の看板が出ている麻雀店を探した。

表通りに近い一本裏筋に、しっかりした店構えの麻雀店があった。プロが集い、安心して打てる麻雀店は臭いでわかる。半年の間、一日も欠かさずこの店に顔を出した。この店で知り合った地元の不良たちと食事をし、飲みに行き、時には明け方まで麻雀を打つ生活が続いた。しかし外泊は絶対にしなかった。

2か月ほどして、件のツレが警察に出頭したのを知った。彼を刺した男も、同系列組織の構成員であった。ツレの単独犯での傷害致死罪となり、後に確定した刑期は懲役8年。詳細はわからないものの、ツレが自分ひとりの問題として責任を取ったことはわかった。当たり前のことではあると思うが、いざとなったらなかなか出来ないことである。

毎日電話で励ましてくれた彼女。ひとつ屋根の下に鎮座されているお不動様。頭の中に、彼女の愛くるしい顔とともに、お不動様の姿が重なるように浮かび上がる。

半年して、彼女が学校の休みを利用して迎えにきてくれた。厄落としを兼ねて、鉄道で福岡まで行き、そこで1泊して大阪に戻ろうというのだ。至れり尽くせり、願ってもない話だった。

お母さんには、膝を正して挨拶をした。私のことを「永中さん」と親しく呼んでくれ、必ず昼に、朝昼兼用のお膳を部屋の前に置いてくれていた。下着の洗濯も言うまでもない。後に私はこの藤田紀子と結婚して藤田姓を名乗り、1男2女を授かることになる。

後日、紀子の父、善治さんの母が朝鮮人であったという事実が判明したが、それは彼女も知らない父親の歴史であった。後年、私の度が過ぎる勝手もあり、紀子は私が藤田姓を名乗ることに反対したが、善治さんは「そのまま名乗ればいい」と言ってくれた。寡黙で優しい人であった。

本通りの義母

ところで、紀子の母が拝んでいたお不動様を巡っては、ひとつの因果がある。それが、私の〝もう1人の母親〟の存在だ。

この義母は、中津の本通り商店街で焼肉屋を営んでいた。いわゆる父の女である。私は義母のことを「本通り」と呼んでいた。いつから父との関係が始まったのかは知らないが、父の昔の写真には若い二人が写っているものがあった。写真館で撮ったと思われる、美しい写真だ。

麻のような白いスーツで身を包み、長髪で丸眼鏡がハイカラで、今の時代に出てきてもおかしくないほど恰好の良い父が、微笑んで立っている。その傍らで、本通りが質素だが清潔感のあるチマチョゴリを着て椅子に座っている。穏やかで幸せそうな写真である。

4歳のときの記憶がある。末の妹がまもなく生まれるという時、我々きょうだいを引っ張り上げた杉山の産婆さんに言われて、本通りの家に父親を呼びに行った。女房が産気づいているときに他所の女性の家にいる。普通なら修羅場の世界であるが、幼い私にはわからない。

自宅から5分ほどの長屋の中ほどに、彼女の家はあった。在日の家が5軒ほど並び、その周りには被差別部落の人々が住んでいた。

きれいに片付いている家に駆け込むと、本通りは水仕事の途中であった。「お父ちゃんは？」と言うと、仏様のような笑顔で家の奥に入れてくれた。父は床の中から起き上がり、機嫌の悪そうな顔をしていた。

その場面で印象的だったのは、父親の寝ていた布団が、見たこともない、まるで王族が使うような立派なものだったことだ。

父親に、産まれそうだから産婆さんが呼んでいることを伝えると、「わかった、先に帰っておれ」と煙草を喫い出した。

本通りはいつものように、小遣いと大きなリンゴを2つ持たせてくれた。インドリンゴだと言っていた。酸味のない甘い大きなこのリンゴが私は大好きだった。

子供のいない本通りは、私に実の子のような愛情を注いでくれた。兄や姉とケンカして、「お前はガードの下で拾ってきた」と言われる度に、自分は本通りの子なのではないかと、本気で思ったものだ。実際、私が産まれる時に養子に出す話もあったらしい。しかし、どれだけ貧乏でも母親は私を手離さなかった。

当時、姉は米や食材を本通りの家にもらいに行っていたと記憶している。

そんな状況の中で父と暮らす母の心はどのようなものであったか。前述した通り、年末にいなくなることや、父が癇癪を起して暴れること、あらゆることが綯《な》い交ぜになり、言葉にならない苦しみを抱えていたことは想像に難くない。

もちろん私達子供にも不穏な空気はわかっていた。母に気遣うがゆえに、「本通り」としか呼ばなかったのである。

そのような複雑な環境において、本通りに対する私の印象は、仏様、観音様に近く、時にはお不動様のようにも映っていた。事実、本通りはお不動様をお祀りしており、彼女の神憑り的な祈祷で、私は再三再四助けられているのである。

私が27歳のとき、あることで経済的な窮地に陥り、父親と共に本通りの焼肉屋へ相談に行った。このとき本通りは、足腰が立たないほど体が悪かった。手伝いのおばさんに介助されながら、私の車で本通りと共に向かった先は、淀川の長柄の河川敷である。

川のほとりにゴザを敷き、祈りの為のお供えをして、川の水を器に汲む。大きなロウソクを立て、私は本通りの命ずるまま正座をして手を合わせた。一心に本通りが拝んでいると、突然、足腰の立たない本通りが立ち上がり、動き始めた。

物が憑いたかの如く、立っては座り、座っては立ち、祈り続ける本通り。30分ほど経つと、突然空気の抜けた風船のように座り込んだ。しばしの後、平常に戻った本通りの顔は、私の知っている本来の慈悲深い観音様のような顔になっていた。

「もう大丈夫だ。火の神さんと水の神さんが助けてくれた。今、神さんがお金を印刷している。３日後にはお前にお金が入る。そのお金でお前の今の問題は解決できる」

本通りはおもむろにそう言った。

私には合点のいく話であった。その金が入るか否かで、仕事が進むか会社が潰れるかの瀬戸際だったのである。３日後という日にちも、運命を分けるまさにその日だった。

私の仕事も知らない、文字も書けない本通りが、具体的な事情など知る由もない。

さらに本通りは、私の顔をじっと見つめて、「今度生まれる紀子の３人目の子供は男の子だ」と言った。本通りはなおも私を見つめる。

「お前は私に隠していることがあるな」

そう言って東南の方向を指さしながら、彼女は続けた。

「お前、あっちの方向に家があるな」

事実、当時の私は紀子の他に女性がいた。私が頷くと、本通りはたたみかけるようにこう言った。

「お前、そこにも子供ができるな。男の子や。そのおかげでお前は助かった。二人の寅の子が、お前の守り神になる」

果たして本通りのご神託通り、紀子にも東南の家にも男の子が産まれたのである。そして3日後、約１３００万円がなんとか用立てでき、喫緊の問題は解決された。

本通りはそれから10年後に亡くなった。中津の長屋で、一切の贅沢をすることなく暮らしていた。もっと楽な暮らしを、と私がいくら勧めても、本通りが質素な生活を変えることはなかった。

本通りの葬式は私を中心に兄弟で執り行った。その後、甥っ子だという人が韓国から来日し、本通りは祖国へと帰って行った。父の故郷とはそう遠くないところである。

私の生涯は、とりわけ女性に救われてきた。藤田紀子とその母、もう一人の妻である申順徳、後に石橋産業事件で私と共に収監された金美佐子、末の息子を生んだ丁玉順……そのような存在の中で、本通りは母に次ぐ大切な女性であった。

第三章

「兄」との出会い

120針の大怪我

67年初頭、鹿児島の避難生活から大阪に戻ってからは、もう大学へ通うことはなくなった。その分、ますます不良生活にのめり込み、おのずと関わる案件も、ハードでデリケートな問題を含むものに傾斜していった。

「ちょっと、すんまへん！　お宅さんはマーちゃん兄さんとこの方でっか？」

夕方5時前、時間つぶしに馴染みのパチンコ店で遊んでいると、突然声をかけられた。見るからにその筋とわかる顔色の悪い男である。

「なんや、関係ないけど」

「そしたら、ヤスタカ兄さんとこの方でっか？」

「いいや、ちがう」

それだけのやり取りで、顔色の悪い男は、きびすを返して走って行った。悪い予感がした。案の定、すぐにその男が引き返してきた。今度は3人を引き連れている。

「チョットすんまへん。前の喫茶店まで一緒に来てくれまへんか？」

用件を聞く必要はなかった。思い当たることがあったからだ。

向かいに同じく大型のパチンコ店があり、その2階が大きな喫茶店になっていた。顔色の悪い男の先導で2階に上がる。後ろから別のふたりがついてくる。

店内の左奥に案内された。20人はいる。ほぼ全員がジャンパー姿。真ん中の奥に背広姿がふたりいた。先導した男が、私に真ん中のテーブルのひとつ空いている椅子に座るよう手で合図した。

誰ひとり言葉も発しない。私も無言でそれに応え、椅子に腰をおろした。途端に後ろからビール瓶だろうか、ガラスの瓶で頭を割られた。同時に右からも左からも蹴りの嵐。前からもビール瓶で頭を割りにきた。

最初の後頭部への一撃が効いた。目の前は流れ出る血が薄い髪の毛を伝ってスダレ状態だ。喰らった蹴りをまともに受け、鼻血だけではなく、口の中からも血が噴き出すのがわかる。奥の方から「殺してしまえ!」と声を出す男がいる。

少し醒めてきた。殺すことが目的なら、こんなやり方はしない。私を徹底的に痛めつけて、二度と起き上がれないようにするのが目的だ。私が許しを乞うのを待っているのだ。そう見切ると、〝やるだけやってみろ〟と余裕ができた。

「コラッ!　何とか言わんかい!　調子に乗りやがって、このガキが!」

割れた瓶で広い額を突かれた。骨にガラスの尖った先が刺さったのがわかる。〝クソッタレ！〟その思いが余計な一声を上げさせた。

「なんじゃい！　それだけか！　コラッ！」

私の〝泣き〟を期待していたのだろう。これを聞いた男が逆上した。血のスダレになっている髪を摑み上げ、私の左目を割れたビール瓶で突きにきた。頭を摑み上げられた時点から、目の前に尖ったガラスが迫り、突き刺さるまで、まるでスローモーションのように、今もハッキリ記憶している。この男の目と、表情までをも。

幸いにして失明は免れたものの、頭と額だけで計120針近くも縫う大ケガをした。だが傷の痛みなど屁でもない。この逆上男に目を刺されたことの口惜しさが、私の心を痛めつけた。

110番への通報があったのか、パトカーのサイレンが聞こえてきた途端、この集団はクモの子を散らすように店の奥へ駆け出した。それで彼らの素性も想像がついた。

この繁華街から場外馬券場までを仕切っているのは、神戸に本拠がある松浦組系列の安藤組。1階のパチンコ店の経営にも参加していると聞いたことがある。この地域は旧柳川組の山口組系列、松浦組系列、西宮の諏訪組系列の3組織がそれぞれ棲み分けている。

当然だが、このあたりでそれなりの顔になっていた私に対し、飴をしゃぶらせるような勧誘はあったたし、それなりの付き合いがある者もいた。しかし、安藤組の者たちとは、お茶の一杯も一緒にしたことはなかった。加えて先日、その組の名前を出した手形のパクリ屋、いわゆる事件師をこっぴどくやっつけていた。これが事件の引き金となったのだ。

駆けつけた警官が１１９番したのか、救急隊員もすぐにきた。テキパキと傷口をあらため、腫れあがって視界もない左目には念入りに光をあてて眼球をチェックした。交わされる隊員らの言葉をぼんやり聞いていた。

救急の血止め手当てを受け、顔と頭を包帯でグルグル巻きにされていると、新たに駆けつけた刑事たちが救急隊員に対して何やら話をしている。病院でなく曽根崎警察署へ運んでくれと言っているようだ。意図はすぐにわかった。問題児である私を被害者扱いせず、あわよくば過去の事件も掘り起こして、両方を逮捕して大手柄を立てるつもりなのだ。

曽根崎警察署の調べ室で、片目だけがのぞく包帯巻きの状態で、刑事が指し示した顔写真ファイルに見入る。

「10人も言うてくれとは言わん。ひとりでもふたりでもええから、手をかけた人間を特定してくれ。頼むわ」

「悪いようにはせん。あんたのためにもなることや。言うてくれ」

もう2時間は経っているはずだ。人を持ち上げ、貶《けな》し、時に脅す。顔写真の中には、「殺してしまえ！」と叫んだ男の顔もあったが、一番の収穫は目を刺した男が特定できたことだった。昭和21年生まれ、住所は豊中。かわいい顔をしている。これはすぐ捕まえられる。そう思ってからは、写真ファイルを繰り返し見せられても、その男が目に入るだけで、あとはどうでもよかった。

沈黙する私に対して、取り調べの刑事が捨てゼリフを吐いた。

「お前みたいな奴、どうなっても知ったことやない。そやけど、これですんだと思うなよ。お前は絶対に捕まえたる。オレはプロや。お前みたいな人間が人を殺すんや。わかるんや、オレは！」

事件の被疑者に対して言うべきセリフを、病院も行かせずに半分死にかけている被害者に言うかと思ったが、当たらずとも遠からず。黙って静かに退出あるのみだ。

救急病院へはパトカーで送ってくれた。大阪市内にある「助かる者でも助からない」という奇妙な評判のある病院だった。

縫合手術と抗生物質の点滴を受けて病院を出たら、夜の11時を過ぎていた。治療室を出たところに、刑事がふたり待機していた。現場に人がたくさん集まっており、このまま家に戻ったらどうかということだ。当然ながら無視した。

外で心配げに待っている顔ぶれの中に清がいた。行きつけの寿司屋で出会って以来、友達感覚で付き合っていた男だ。旧柳川組系の組織の構成員で、胸に大きく〝柳川〟の代紋を彫っており、それがまたよく似合っていた。いつも言葉少なで、大きな声も出さない。

「永ちゃん、大丈夫か？」

「なんの話や？　話をするのに、これだけ集合かけるんかいな！」

片目しか見えないが、通りの先にある四つ角の向こう側まで、優に１００人は超えるであろう集団を見やりながら歩き出した。

「なんや、詫びを入れたいらしいわ」

清がそうつぶやくのが聞こえる。口ぶりから、彼らが松浦組となんらかの話し合いをしたと察せられた。東西の筋と南北の筋が交差する繁華街のセンターにきた。首にハンカチを当てた福井さんが少し顔を上げた立ち姿で、ど真ん中で仁王立ちしている。松浦組系足立組の大幹部で、１８５センチは下らない長身、髪型は石原裕次郎のようなスポーツ刈り。なかなかの偉丈夫だ。

福井さんは開口一番、

「永ちゃん、悪かった。あっちで叔父貴が待ってるんや。ちょっと一緒に行ってくれるか」

そう言うなり、私の手を取り、いたわるように腰に手を回して、北の方へ導いた。角から10メートルほど行ったところに、福井さんの彼女が営む少し凝った居酒屋があることを知っていた。

店の前にも10人ほどが立っている。清だけが私と一緒に中に入った。ひとりの男が椅子から立ち上がった。初めて見る顔だ。

「兄さん、この度はうちの者が先走って、エラいことをしてしもうた。兄さんにも言い分はあるやろうけどなんとか堪えたってくれへんかな。あれらにもキツう仕置きをしておいた。ここに見舞金を持ってきた。30万円ある。これを納めて欲しいんや！」

そこまで一気にその人が言った。封筒を差し出して、私の片目をジッと見つめている。

福井さんが言った。

「永ちゃん、叔父貴は永ちゃんがデコ助（警察）になにもうたわんかったことで、こないしてここまで来てはるんや。ここは気持ちよう黙って受け取ってくれんか」

隣にいる清の顔を見た。黙って下を向いている。私は叔父貴と呼ばれているその人ではなく、福井さんに言った。

「福井さん、よくわかりました。間違いはどこにでもあること。そやけど、このお金は受け取れません。そのかわりにオレの目を突いた人間、それを出してくれまへんか。ふたりでサシの勝負をさせて欲しい」

そう言って、私はその男を片目で見つめた。男からは、なんの言葉もない。その人も私をジッと見つめている。静かな緊張感が、居酒屋を支配した。

沈黙を破ったのは清だった。

「永ちゃん、口惜しいやろうけど、ここは黙って見舞金を納めてみてはどうや。やった男もケジメが入ったようやし、もう大阪にはおらんらしい。永ちゃん、こちらの先輩の顔もあるし、そういうことにしたらどうや」

そうか、清の事務所の方もなんらかの動きをして、事が大きくならないようにしたんやな……。私はその男に言った。

「わかりました。生意気なことを言ってすみませんでした。見舞金、気持ちよう受け取らしてもらいます」

パッとその場の雰囲気が変わった。福井さんが、叔父貴と呼ばれる人から袋を受け取り、私の手に押しつけた。それを持ち直して、私はその人に軽く一礼した。その人が笑顔で言った。

「兄さん、ありがとうな。福井と親しいようやけど、なんかあったら、いつでもオレに言っておいでな。うちの者とも仲ようしたってな！」

私も不自由な口で返答した。

「ありがとうございます。そやけど、あのガキだけは無理ですわ！」

その人は苦笑いをして頷いた。

見舞金は、その晩の飲み代で全額消えた。

病院でもわかっていたが、左の口もとに2センチほどの穴が開いていた。口元の包帯を外し、満足に開かない口に、酒を流し込む。その沁みること沁みること。みんなに呆れられながら、笑いこけながらの厄落としであった。

私と同年代のあの男は、後年、酒と薬と不摂生がたたったのか、37歳であの世に旅立った。亡くなる前、私の地元にあった大阪回生病院に入院してきた。どうしても私に会い、昔の詫びをしたいと言ってきたのだ。肝臓を悪くした人間特有の、ドドメ色の顔を涙で濡らしながら詫びていた。亡くなる3か月ほど前のことであった。


翌日の夕方、フランケンシュタインのように眼だけを出した包帯グルグル巻きの私を母が探し当て、行きつけの飲み屋に訪ねてきた。母は私の下着が入っていた風呂敷包みを抱いて、顔を見るなり泣いて抱きついてきた。

人目も憚らずに私の体をさすりながら、「アイゴ、ウリエイチャン！（あぁ、私の永ちゃん！）アイゴ、ウリエイチャン！」と、いつまでも泣いて離れなかった。

男を張っている世界で、こんな恰好の付かない場面を不良仲間にも見せられたものでは

ない。しかし、母の気が済むまで抱かれていた。しばらくして少しは安心したのか、

「帰ってこんでええ。せやけど、下着の洗濯はお母ちゃんにさして！」

そう言いながら一方的に風呂敷を押し付けて、母はくちゃくちゃな顔のまま店を出て行った。

幼い時から私だけが母を困らせ、泣かせてきた。恥ずかしさもあったが、どこかほっとする自分がいた。

包帯が取れるまで約二週間の間、母は夕方になると替えの下着を持って、不良の居並ぶ場違いな場所を訪ねてきた。もしこの時に、私を怪我させた人間が近くにいようものなら、母は無意識にそこら中の物を掴んでかかっていったことだろう。

我々在日の母はみんなそうだと思う。家族を護りながら、日々全力で、命懸けで生きていた。

爪を切る男性

その頃、大淀区（現在は北区に合併）にあったホテルプラザ前の道路を渡り、50メートルほどいったところで、市川という男に小さな貸卓専門の麻雀店を経営させていた。お調

子者で、私より3歳上の不良崩れだった。隣に在日のオバチャンが経営する小洒落《こじゃれ》た喫茶店があり、近所の中小零細企業の経営者や住民がよく利用していた。

「市川、お前、昨日はどこに行っとったんや。いまごろノコノコ出てきて」

「スンマヘン。昨日ミナミで昔の兄貴分に偶然出くわして、事務所に連れていかれまして」

「なんやそれ？　どういうことか説明してみい」

本人の話によると、市川はその兄貴分に不義理をして逃げ出した過去があり、バッタリ会ってその清算を求められた。自分ではどうにもできないので、いまの親方である私に相談して、なんとかしてもらうからと解放されて戻ってきた。話をして答えが出なかったら、兄貴分とやらが私とかけ合いをしに押しかけてくるというのだ。

「そんな理不尽な話がどこにあんねん。来るというなら、オレから行ったる。電話番号は何番や！」

市川はうろたえていたが、私の剣幕に押されて番号を教えた。架電すると、本人が直接、電話口に出た。待っていたのであろう。

「……さんでっか。うちにいる市川のことで電話しました。市川の話がようわからんので、いまから私が直接会って話を聞きたいんですわ。ついては、場所を教えてくれませんか？いまから行きますから」

相手は自分主導でことを進めるつもりが、私に先手を取られて動揺したようだった。

「なに？　あんたがこっちに来るというんか？」

「そうでっせ。事務所に伺いますから、場所を教えてくんなはれ」

「ヨッシャ、わかった」

日本橋の黒門市場裏にあるマンションの名前と9階の部屋番号を教えられた。そこが組事務所だという。そのとき初めて「生島組」という名前を聞いた。市川に尋ねた。

「おい、生島組というのはどこの枝の組や？」

「菅谷組です」

「ほぉ。菅谷組いうたら神戸と違うんか？」

「そうです」

「市川、お前、ホンマにその男、話がつかんかったら、俺に会いに押しかけてくると言うたんやな？」

「はい！　言いましてん」

市川の物言いがおかしく感じた私は、長屋の先輩である高見さんに、その場から電話をかけた。

「高見の会長、ミナミの日本橋に生島組というんがあるらしいんですが、知ってはりますか?」

「生島、よう知ってるで。ボスとこの若い衆や」

菅谷さんはボスとも呼ばれているらしいとわかった。

「ほんで、なんで生島組や?」

「いや、うちの市川が、昨日そこの若い衆に事務所に連れ込まれ、なんや〝カマシ〟を入れられたらしく、私の名前を出したら、本人が私に会いに来ると言うたらしいですわ。それで私から電話かけて、来てもらわんでもええ、私からそっちに行くからと言うて、電話したところですわ」

「なに! いまから事務所に行くと言ったのか?」

「ええ、言いました」

「ちょっと待て! そら、ちょっと具合悪い。先に、オレがよく知っている者に確認してみるから、そこを動くなよ!」

なにが具合悪いのか、よくわからなかったが、とりあえず待つことにした。時間をおかず、高見さんから電話が入った。

「そのマンションの8階に知り合いの幹部がおるから、先にその男を訪ねてよく事情を話してみい。なにか誤解があるみたいで、向こうは全員招集かかっているらしいど!」

「へぇ。別に喧嘩しに行くのと違うんですけどね」

「なんでもエエ！　とにかく、8階を訪ねて話をするのが先や！　わかったか！」

高見さんの口調から、生島組というのは並の組織でないことが感じられた。

「市川、オノレはだらしないことばっかりしてくるから、こんなことになるんや。とにかく話をしてくる。お前はここでじっとしとれ！」

ホテルプラザ前の大通りへ出てタクシーを停め、ミナミの千日前へ、と告げた。マンションはすぐわかった。古い建物で住居仕様でなく、オフィス仕様のマンションのように思えた。8階で降りて、エレベーターホールに出た。そのホールを見渡せる部屋の扉が全開になっていて、若い衆が立っていた。私から声をかける前に、

「高見会長から電話が入ってる方でっか？」

と聞いてきた。

「はい、そうですが」

「どうぞ、こちらへ」

案内されて奥の部屋に入った。この部屋は住居仕様を事務所に使えるよう改装していた。大きな色つきレンズの眼鏡をかけた、小柄な人が難しい顔をして座っていた。この男が高見さんのいう幹部だった。

「高見さんから言われてきた者です」

「あんた、ウチの……に喧嘩売ったらしいけど、理由はなんやねんな？」

「いや、喧嘩なんか売ってませんけどね」

空いているソファーに腰をおろして、市川から聞いた話をした。

「う～ん、あのガキはいっつもこんなんや」

言いながらサンダルをつっかけ、どこかへ行った。事務所が9階と言っていたので、階段で上がっていったのだろう。5分もせずに戻ってきた。

「あんた、事情はぜんぶ説明した。上に組長がいるから挨拶だけして帰ってくれるかな？」

座りもせず、それだけ言って、先に歩く彼の後ろを、よくわからぬまま ついていき、階段で9階に上がった。玄関は同じだったが、入って驚いた。

向きはよくわからないが、9階フロアーの半分ほどを改造して、ひとつの部屋にしている。玄関に入って左に折れると、左側一面が一段床を上げた畳敷きの大広間になっている。その大広間を、若い衆がビッシリとすき間なく埋めていて、全員が敵意むき出しの表情で私の方を見ていた。

70～80畳はあると見えたので、100人以上は詰めていたのだろう。左側に応接セットが2組。その手前にスチールの事務机が壁に沿って、3台並んでいた。その机の前に、小柄な穏やかな目をした男がひとり座り、足の爪を切っている。奥の応接セットのソファーに、真っ黒けの顔をした仁王のような男と、私より少し年上のキツイ目をした男が座っていた。

ソファーの方を向いた途端、真っ黒男が大声で私を威嚇してきた。

「コラッ！　オノレは生島組をなめやがって、どういう了見じゃ！　喧嘩上等やないけ！」

続いて、キツイ目の男も、

「そうじゃ、オノレ、さっきオレに啖呵を切ったやないんか！」

この男が続いて大声を出したことで、私も絵図が見えた。

「違いまっしゃろ。あんたが私のところへ〝ヤカラ〟を言いにくるというから、私がこちらへお邪魔しまっさ、と言うたんでしょう。喧嘩を売った覚えはまったくおまへんで！」

重ねて真っ黒男がまた吠える。

「じゃかましいわい！　それが喧嘩を売ったことになるんじゃ！　このボケ！」

私も言葉を返そうと構えた途端、うしろで爪を切っていた人が静かに声を上げた。

「もうええ、やめとけ。お前も、こんなしょうもないことで招集かけるな。あんた、事情はわかった。もう引き取ってくれるか。高見さんによろしくな」

鶴の一声とはこのことか。これで場の緊張感は消えた。幹部が私に、出ようと目で促し

た。シーンと静まりかえっている部屋を、爪を切って下を向いたままいる人に、

「お手数かけました。失礼します」

と、軽く一礼して部屋を出た。背後で足の爪をまだ切っているのか、パチン、パチン！という音が鳴っていた。

階段で8階へ下りながら、「あの大声を出した人は誰ですか？」と聞いた。

「あれは〝チャンギ〟という、ウチの副長や」

「へぇ、そうですか。そしたら、後ろで爪を切っていた人は誰ですのん？」

彼は呆れた顔で私を見つめて言った。

「なにを言うてんねん！　組長やないか！」

「あの人が生島組長！　あんな大人しそうな人が……。優しい顔した人が……。上に組長がいるからと聞いて9階に上がったので、どこかにいてはるとは思った。多分、畳の部屋の一番奥か、死角になっていた床の間のある側にいてはるのかと……」

私の人生の最大の同伴者だったといっても過言でない、いまも敬愛してやまない生島久次兄、本名・高佑炳《コ・ウビョン》兄との宿命的な出会いであった。

「許さん、私は高山といいます。大阪朝銀で仕事をしていましたが、いまは個人で金融コ

ンサルタントをしています。ちょっと、十三で金融会社をしている私の後輩のことであなたと話がしたいんですが、会ってくれませんか？」

突然の電話だった。この金融会社をしている在日のことは知っていた。しかしこの男は、あろうことか大阪地検の直告班に告訴状を出して、私を犯罪者に仕立て上げようとした人物である。検察庁でことの真実が明らかになり一件落着した。彼は、逆に検事からこっぴどく吊るし上げをくらった。そんな出来事が、つい先日あったばかりであった。

あまりに丁寧で紳士的な物言いに、私も「わかりました」と答え、会うことになった。しかし、すぐに会ったことを後悔することになる。高山さんは、物言いは丁寧だが、自分の意見と主張はまったく変えようとしない、在日一世特有のタイプだった。いくら私が経緯を説明しても頑として受けつけず、ひたすら後輩の言う通りにしてくれという無茶な話であった。

高山さんの後輩が手がけていたのは、2億円はするであろう土地・建物を、5000万円の金で取り上げようとした案件だった。債務者は子供ひとりを抱えた女性。この件に私が絡んで、後輩にとって不本意な結末を迎えていた。

私が出てこなければ自分の思うようになったのに……という逆恨みの所業である。検察直告班に持ち込む前に、十三の中川組の幹部を使って、私を脅迫してきたこともあった。

中津駅前にビルを持つ中津の顔役が、私と共同で自身のビル一階で不法ゲーム機とスロットマシンを置いて結構な収入を得ていたのだが、その顔役が中川組の幹部だった。その縁で何のトラブルもないまま手を引いてもらっていたのである。

ちなみに、10年後にこの顔役は、同じ中川組の幹部の手によって拉致《らち》され、連行されるタクシーの中で左右から腹部をメッタ刺しにされ、出血多量で絶命している。ことほど左様に、中川組は躊躇《ちゅうちょ》なく人を殺す構成員が多いことで名を馳せた組織であった。

話を戻す。大阪朝銀の元幹部だというこの高山さんは、私が言うことをきかないと知ると、奥の手を出してきた。生島さん本人から連絡があったのだ。この人が生島さんの近い親戚で、相談があったという。

道頓堀にある生島さんのもうひとつの事務所を訪ねることにした。組事務所には見えない、スッキリとあか抜けしたガラス張りの玄関が印象的だ。着くと、地下の個人事務所に案内された。革張りの豪華なひとり掛けソファーが左右に並び、一番奥、正面に本人用であろうひときわ豪華なソファーがドンと置かれている。誰もいないので、左側中央の真ん中のソファーに座った。

正面の壁に、2メートルはある巨大なカジキの剝製が掛かっている。生島さんの趣味であろうか。若い衆が、別の来客があるのでもう少し時間がかかることを告げ、大きな焼き物の容器に入った熱いお茶を持ってきた。お茶を飲みながら待っていると、軽快な足音とともに、カジュアルな服装の生島さんが入ってきた。

前置きなく、いきなり本題に入った。

「高山の後輩という人間に会ったが、話がはっきりしないし、嘘が多い。叔父さん（高山）に、こんな人間を連れてこないでくれと言って帰らせたから、この件はオレに遠慮せんと、思うように片付けたらいい」

あまりにも簡潔かつ要点を押さえた物言いに、私は恐れ入った。初めて会った際もそうだったが、この人は、私の抱いている在日像とは違いすぎた。なにか取り込み中なのか、せわしなく思えたので、私から挨拶のため再訪する旨を申し出て、事務所を後にした。

階段を上がったところで、

「なにかあったら、いつでも連絡してこいな！」

と声をかけられたので、

「はい！」

と私も笑顔で応えた。その時の彼の爽やかな笑顔がいまも脳裏に残っている。

小西邦彦

その後の出来事により、私の生島さんを兄事する気持ちは決定的になった。

大学には行かなくなり、私が束ねていたパチプロ衆の一人であった木下和政と試しに起こした会社もいい加減なものだった。すでに述べた、鹿児島への逃避行を共にした藤田紀子と同棲を始めた１９６９年（昭和44年）には、繁華街に近い北区富田町（現・西天満５丁目）にある高橋ビル５号館に藤田事務所なる個人事務所を出した。当時の私は藤田を名乗り、パチプロのまとめ役や人材派遣、不動産の真似事で収入を得ていた。高橋ビルは、北区にあるいくつかのテナントビルの運営法人で、いずれも裁判所にも近いことから弁護士事務所が多数入居する優良会社だった。

藤田事務所は古い建物で、ワンフロアーが30坪程度しかなく、家賃も安かった。

その頃、私はパチンコ店が終業する夜11時までは行きつけの飲み屋にいるか、この事務所で時間つぶしをしていた。また、深夜２時までは事務所に人を置いて連絡当番をさせていた。

事務所を開いて間もない夜10時過ぎ、なんの前触れもなく、小西邦彦が番頭の男を伴って現れた。小西は、後に「飛鳥会事件」で知られることになるが、当時は部落解放同盟大阪府連合会飛鳥支部の支部長をやっており、私は〝支部長〟と呼んでいた。

当時はまだ、小西支部長とは特別親しいわけではなかった。少し前に在日の不良仲間と北新地で飲んでいるときに紹介され、2度、酒の席をともにした程度の間柄だった。

入ってきた小西支部長の姿に驚いた。左手に巻いたタオルが血で真っ赤に染まっている。濡れたタオルからは、なおもジュクジュクと鮮血が滴っているではないか。表情は半分泣き顔で、口元も震えている。

「なんや、支部長！　その手はどうしたんや？」

小西はなにも言わず、左腕の肘を右手で支え、左前腕を上に突き出すような形で、私の左のソファーに腰を下ろした。番頭もそれに合わせるように、小西に並ぶような形で隣に腰を下ろす。血の滲み具合からみて、左手小指を切断し、なんの手当てもしないまま私の事務所を訪ねてきたことがわかる。

番頭も親方の小西がなにも言わないので、黙って私の顔を見つめている。番頭の顔色も相当に悪く、憔悴《しょうすい》しきっていた。

沈黙を破ったのは小西支部長だった。

「藤田はん、兄貴がオレを堅気にはさせん言うて、ケジメをつけた指も放り投げられた！」

そこまで一気に話し、私の顔を見つめながら大粒の涙をこぼした。番頭の顔を見ると、小西の話を肯定する意味であろう、顔を上下に大きく振った。

小西は、北新地で会ったときには、殺人で服役中の金田組若頭の舎弟だと紹介された。若頭は社会不在であるし、堅気になるならないの話なので、彼の言う〝兄貴〟は金田組組長の金田三俊さんのことだと想像がついた。

このつい1か月ほど前、私のグループと金田組の組員との間で乱闘事件があった。金田組の若い衆は在日の者が過半を占めていた。東淀川区崇禅寺、阪急電鉄京都本線の崇禅寺駅から高槻駅にかけてが、金田組の縄張りだった。

乱闘の現場には双方10人近くいたが、喧嘩のプロのレクチャーを受けていたこともあり、こちらの戦闘意識が上回っていたのか、金田組には相応の傷を与えた。その後本部から駆けつけた金田組の幹部たちとの話し合いで、相手の顔をつぶさぬ形で、こちらの言い分を通すという決着のつけ方をしていた。小西はおそらく、そんなことを又聞きし、藁《わら》にもすがる思いで私のところに飛び込んできたのだろう。

小西は言うだけ言って少し気持ちが落ち着いたのか、左腕を上に上げたまま、右手を上着の左内ポケットに差し込み、おもむろに拳銃を取り出した。

「藤田はん、これを持って一緒に兄貴んとこへいってくれへんかいな！」

番頭を見ると、顔を下に向けた。「このオッサン、こすっ辛い言い方しよるなぁ」と内心思ったが、相手は平常心ではない。つい〝地〟が出たのだろう。それだけ正直なのだと思い直した。

「支部長、その〝キカイ〟は護身用に持っときなはれ。話はわかったさかい、それ以上、思い詰めることはおまへん」

実は番頭と私とは1か月前から〝兄弟〟の付き合いをしていた。その兄弟分の親方の災難だ。

「見て見ん振りはできん。金田の組長やったら、相手にとって不足はないし、オレには名分もある。そやから、この喧嘩はオレと金田さんとの喧嘩にする。支部長は堂々と素知らぬ顔をして、オレと一緒に歩いてくれたらいい。

その代わり、支部長は絶対に逃げたらアカンで。チョットでも後ろ見せたら、支部長は殺られる。支部長、俺に逃げへんと約束できるな」

私は、小西の顔をにらみつけるようにして言い切った。彼は正直者だった。

「スマン！　逃げへん！　スマン！」

改めて涙を流しながら、ブラジル製の38口径の回転式拳銃を内ポケットにしまい、顔をクシャクシャにして安堵の笑顔を見せた。番頭までが笑顔に変わっている。よほど金田さんが怖かったのであろう。

さもありなん。金田三俊さんといえば、知る人ぞ知る、旧柳川組の立役者だ。北陸から北海道まで、最前線で幾度もの死線を駆け抜けた人物である。われわれ大阪の在日の不良の世界では、憧れのヒーロー的存在であった。

「支部長、ほんで、ちぎった小指の先は持ってるんかいな？　とにかくその指を早く縫ってこな！　今やったらまだひっつくで！」

「放られてもうたから、あるかいな！」

小西は苦笑いを浮かべた。

「そうか、ほんだら、オイ！　兄弟よ。明日からのことは、いまから段取り入れるから、支部長を連れて、早よ病院へいっといてえな。終わってからふたりで話をしよう」

ふたりは来たときとは打って変わった表情で、アタフタと事務所を出て行った。

自信を持ってふたりを送り出したものの、彼らの姿が消えた途端、身震いするほどの緊張が襲ってきた。なんといっても、相手は日本最大の組織・山口組の直参、私とは格が違う。何から何まで役者が違う。踏んできた修羅場の質と数が違う。

ただ、緊張感は決して恐怖心から出たものではなかった。逆に得体の知れない、怖いもの見たさの好奇心にも似た感情が嵩じてのことであった。相手にとって不足はない。しかし、これまでの〝ガキの喧嘩〟で済むことは絶対にない。その思いに至ったとき、私は重大な事実にハタと気づいた。

金田さんには絶対に勝つ。勝ってみせる。しかし、金田さんに勝ったところで、相手は山口組直参である。私に男のメンツがあるように、組織には組織のメンツがある。直参がやられて、山口組の世間体から言ってもそのままでは済まされるはずがない。私は明日からの命懸けの戦いのことよりも、戦いに勝った後のことについて大きな問題意識を持ち始め、事務所にいた連中を人払いした。

「少しひとりにさせてくれ。お前ら、飯でも食って来い」

それからしばし熟考したが、答えはすぐに出た。私が得た結論は、知って間もないながら、2度にわたって即断即決の名裁きを見せつけてくれた生島さんに相談するしかないということであった。

高見さんに相談することではない。なぜなら、高見さんは柳川の先代とは兄弟付き合いをしていると聞いていたし、舎弟頭の張本さんは金田さんと終戦後からの兄弟分だと聞いていた。

金田さんは、柳川の先代と二代目の谷川さんが、自分になんの相談もなく、ふたりだけで柳川組の解散を決めて本家から絶縁処分を喰らったことに恨みを持っている。その後、自分たちの努力で旧柳川組の最高幹部4人が山口組の直参になれたが、柳川さんと谷川さんに対しては、いわば自分たちを裏切った人間とみなし、完全に敵対していた。

他の3人は柳川の先代に対して、その後も敬慕の情を秘かに示していたが、金田さんだけは反目の姿勢を徹底して貫いていた。

後年、柳川さんと親しくなり何でも話せる様な立場になったとき、ご本人から元の組員らに対する真情を吐露されたことが何度かあった。誰に対しても〝情〟の深い方だったが、表情はなんとも悲しげな、寂しさを漂わせたものであった。

組織に属したことはない私だが、組織の掟がいかに厳しく、そして非情だということを、身近な在日の先輩達との邂逅《かいこう》で、いやというほど思い知らされることになる。

「しっかり喧嘩してこいや」

「すんまへん。キタの藤田いいます。組長に急ぎの連絡をつけてくれませんか。どこでも行きますから、どこに行ったらいいのか、指示を欲しいと言って下さい。5分したら、また連絡しますからよろしく頼みます」

生島さんの地下1階の事務所は、道頓堀川の河岸に植栽された低木の花壇と目線が水平になっている。川側から見ると1階にあたる作りである。ソファーに腰掛けた生島さんの顔越しに、ネオンの光が水面で反射して、繁華街のど真ん中にあるとは思えないほどの静けさと、幻想的な雰囲気を醸し出していた。

近場の博打場にでもいたのか、生島さんは先に来て待っていた。

「すいません。こんな時間に」

恐縮して、まずは非礼を詫びた。生島さんは迷惑がる素振りなど少しも見せず、苦笑いを浮かべながら、手ぶりで私に着座を促した。

「なにかあったんか？」

私は簡単に小西支部長との浅い関係、金田組組員との直近のイザコザ、そして2時間ほど前の小西支部長の突然の来訪について説明した。

「わかった。それでオレになにをして欲しいんや？」

「なにもいりません。喧嘩はしっかりオノレの甲斐性でやります。一切の責任は自分でとりますし、泣きも一切入れません。ただ、結果を出したときに、是非力を借りたいんです。なんといっても、相手は山口組の直参。本家がそのまま済ますはずがおません。組長から菅谷の親分に話をして、この件はあくまでも金田組の内紛であって、本家執行部が出張る問題ではない！　と執行部を抑えて欲しいんですわ。私が、小西の番頭と縁があるため、その義理で金田さんの前に立っただけだと、菅谷のボスと話をして欲しいんです」

一方的な話を、生島さんはあの澄んだ目を私に向けたまま、黙って聞いていた。

「そやけど、金田さんはチョット手強いど。やりきれるか？」

「やります。ここでやられたら、オレはそれだけの男やったということ。なにがなんでも、なんとしても結果を出してみます。黙って見といて下さい」

生島さんは何か言いたそうだったが、一呼吸おいて、はっきりと宣言した。

「ヨシわかった。しっかり喧嘩してこいや。ボスのことはなんの心配もするな！」

そう言うや、スッと立ち上がって、私の肩をポンと叩き、いつもの軽快な足取りで歩き出した。つられて後を追う形で、私も階段に向かった。入口で生島さんは、

「オレは事務所でチョット用を足す。どうしてもの時は無理せんと連絡をしてこいよ！」

そういって、中に入っていった。その見送りのひと言で私は、千人力の味方を得た思いで、姿の見えなくなった生島さんに向かい、元気よく頭を下げて、事務所を後にした。


長くても半年、順当なところで、3か月と踏んだ。この〝小西支部長事件〟では、失うもののない捨て身の私サイドと、守るべきものの多い金田さんサイドの間で膠着状態が長引くのは、ある意味仕方のないことと言えた。

ドンと構えた巨象のまわりを、小さなネズミが走り回り、たまにこれに小さな虎の子が、2、3匹現れては消える。これの繰り返し。そんな風に敵は考えていたのかもしれない。そう思われても仕方がないほど我々は弱かった。子供じみた単なる不良の集団でしかなかったのだから。

しかし、必勝を期す私は、ありとあらゆる場面を想定し、絶対に負けることができない戦いに、それこそ寝る間も惜しんで挑み続けた。いつ、どこで、なにが、誰の身に起きても、即座に金田さん本人を的にかける。その意味でも、金田さんの行動確認は念入りに行った。ご本人に察知されようが徹底してやった。

持ち慣れない〝モノ〟を携帯したのも、この時が最初だった。高校生の時代、飛び出しナイフや鋼を研磨加工した刃物を持ち歩いたことはあった。咄嗟の衝動に突き動かされることが何度もあったが、使うことはなかった。しかし今回は苦しかった。〝魔女のささやき〟が耳元について離れない。

私は小西支部長と可能な限り行動をともにした。24時間、常に100メートル圏内にいた。

小西支部長が実質的に経営するマッサージ店は、北新地のほぼ真ん中に位置していた。間口2メートル、奥行き10メートルほどの細長い敷地に5階建ての建物で、屋内階段がひとつあるだけのペンシルビル。中にシャワールーム、更衣ロッカー、マッサージ台が並べてあった。

ここが夜の前線基地と化した。夕方5時から深夜1時まで、常時5人から10人ほどが、せわしなく出入りする日々が続いた。

年配の地元仲間が責任者となって、小西や私の動きに合わせて人員を配置する。『藤田事務所』は別働隊の基地として、天六の朝鮮市場内にある金田組事務所と、金田さんの自宅、それに別宅の監視を担っていた。

ほぼ全員が非常時に備えての心構えができており、意気軒昂、日を重ねるごとに皆が無駄なく、スムーズに動けるようになった。私が率先して前面に立っていることに加え、子供のような者までが、一人前の不良として腹をくくったのが大きかった。

大阪一の大人の盛り場での示威行動は、たちまち大阪中の遊び人の知るところとなる。人の目が集まったことで、敵も迂闊《うかつ》には手を出せない状況となった。

3か月を過ぎる頃には、小西の行動範囲内に敵が入ってくることは全くなくなった。

相談役

おかしなもので、そうなるとさまざまな相談事や仕事の話が舞い込んでくるようになる。在日の先輩が営む闇カジノのトラブル処理を頼まれたのは、5か月を過ぎた頃だった。

北新地は、永楽町に審良連合の頭をしている中井組の常設賭場があっただけで、いわゆる売春組織もなかった。後年、旧柳川組系列の組織が組事務所を構えたが、どの組織の事務所もなかったあの当時、小西のビルだけが不穏な輩たちがたむろする砦となっていた。〝備え〟が充分であったことに加え、皆が若く怖いもの知らずで、そこに自信がついてきた。私の方針もあり、相談が持ち込まれても小さな事や、弱い者いじめに当たる話は取り合わなかった。運良く私の信条に適う案件がその間にふたつあった。

小西支部長には夜の部だけ神経を使えばよくなった頃のこと。ある日、鶴城郁夫さんという在日の男性が、私に会いたいと言ってきた。名前は知っていた。元明友会の副会長で、実弟の鶴城丈二も山広組系列組織の若頭補佐をしていると聞いていた。

後年、山一戦争を起こす元になった山広組は、明友会会長が経営する企業が資金的に応援していた組織だということは在日社会の常識であった。山広組会長が山口組四代目になれなかったのも、山広組のバックが在日、しかも元明友会の会長であることを知るお偉い方の強い意向があったからだと、私は深いところで聞いたことがある。

そんな在日不良社会の大物である鶴城さんからの呼び出しには、私も緊張せざるを得なかった。

用件はわかっていた。やはり在日の先輩で、重田さん（仮名）という人物に関わるトラブル処理に関することだ。私のポリシー上、相手が誰であろうと弱い方の側に立つ。重田さんを向こうに回してその一件を処理した。それを不服としての直談判であることは間違いなかった。


在日の3分の1は、大阪を中心とした関西圏に居住しているといわれている。当時の在日人口から単純計算すると、ざっと関西圏だけで25万人から30万人ほどになる。大阪の在日の聖地は生野区と東成区にまたがる猪飼野《いかいの》地区。私のような北大阪ブロックの在日は少数派で、中津の朝鮮部落も総数で500人に満たなかったと思う。

生島さんを始めとする在日2世の有名人の中に、鶴城さんや重田さんも入っていた。いずれも私より10歳ほど年長である。私は実年齢よりひとまわり近く年上に見られることが多く、相手の誤解はそのまま素知らぬ顔で受け入れていた。

生島さんに、鶴城さんと会う日の午前10時頃、連絡をとった。出先から私の定宿のひとつである大淀区のホテルプラザに来てもらった。

「すんまへん！　わざわざ！」

そう声をかけると、いつもの涼しい目でニヤッと笑って言った。

「なんや、またトラブルか？」

「いや、違いまんねん。チョット聞きたいことがありましてん」

「昼前やけど、なんか軽く食べよか？」

「ここの寿司、けっこういけます。どうです？」

「おう。それいこ」

従えている若い衆は外の車で待っているのか、ホテルには入ってこなかった。生島さん自身は、その筋の人には絶対に見えない。また、会食など一緒にしたこともないのに、私への警戒感はまったく感じられない。若い衆もそれがわかるから、あえてホテル内には入ってこないのだろう。

ふたりで4階の寿司店に入った。生島さんは、酒はまったくやらない。「適当に握って！」と板長に任せた。

「それでなんや？　聞きたいことって」

まだ客はひとりもおらず、私の指定席であるカウンターの端に生島さんが座り、その隣に私が座った。

「生島さん、その前に今日から生島さんのことを〝相談役〟と呼ばせてくれませんか。本当は〝兄さん〟とか〝兄貴〟とか呼ばせて欲しいんでっけど、それはその道にいくとなった時のことで、いまはその気がまったくないんですわ。オレは実業の世界で勝負がしたいんです。オレの相談役になって下さい！」

生島さんは、ふたりの前に出された熱い〝あがり〟を手に取り、静かに口をつけた。

「へい、おまち！　明石のええ鯛が入ってます！」

ふたりの前に白身が2貫ずつサッと置かれた。生島さんは言葉も発しないまま、カウンターに手を伸ばした。

「オッ！　うまいな、この白身」

その言葉を合図に、私も手を伸ばし、握りを口に運んだ。

「親方、うまいな」

「おおきに！」

板長は坊主頭に巻いた細いネジリ鉢巻きに軽く手を当て、笑顔の礼を返した。

2貫をペロッと食べ、あがりをひと口すすった後、生島さんはさり気なく言った。

「それで、〝相談役〟のオレになにを聞きたいんや？」

その言葉が何を意味するのか、分からぬ人間ではない。私は嬉しかった。

「ありがとうございます。よろしくお願いします！」

「ヘイ、シンコです！」

この店のシンコが極上の仕事をするネタであることはその頃初めて知った。シンコはコノシロの幼魚で、捌《さば》き方、塩の振り方、酢での締め方などの加減がデリケートで、「職人の仕事」が要求される。それまで寿司といえば十三駅前に並ぶ100円寿司しか知らなかった私が、ずいぶん生意気になったものだ。イタリア料理のスパゲティやピザなるものを食したのもこの頃で、こんなに美味しいものがあるのかと、〝エクレア〟以来の大感動ものであったのを覚えている。

なにもなかったように、生島さんは無言でカウンターに手を伸ばし、シンコ2貫も平らげた。赤身、トロ、蒸しアワビ、海老……。小気味いい板長のテンポに釣られて、我々も舌鼓を打ち続ける。

「この玉も絶品やなぁ！」

車海老をゆで、それをすり鉢で丹念にすり、地鶏の玉子と秘伝の出汁《だし》であえたものだというのだが、これを仕込む若い衆の頭に、板長が長い箸でパチン、パチンと愛のムチを振るう場面も見たことがあった。

手際よく出される巻きものも平らげたところで、甘い物と緑茶が出された。

「下で少しコーヒーを飲む時間はあるか？」

「はい、大丈夫です。下へ行きましょうか？」

甘い物には手をつけず、生島さんが先に腰を上げた。

「親方、美味しかった！　また寄せてもらうな」

そう言いながら、生島さんはスッとカウンター越しに手を伸ばし、さり気なく親方に心付けを渡した。親方は鉢巻きを取ってそれに応え、頭を下げた。私より先に歩き出した生島さんは、入口で〝おあいそ〟を頼んでいる。迂闊だった。甘い物を口にしたタイミングで会計に立つつもりだったのに、段取りが狂った。

「ここは私が」

「いや、いい、いい！」

「釣りはいいよ」

端数は切り上げたのだろう。

会計を終えてエレベーターホールに向かう生島さんとふたりして、1階のロビーラウンジに向かった。

「実は今から鶴城郁夫さんという人に会うんですが、相談役、この人はどんな人ですか？」

鶴城という名前が出た途端、生島さんの表情が変わった。

「鶴城郁夫？　なんで会うんや？」

私は簡単に経緯を説明した。黙って私の話を聞いていた生島さんが、ボソッと言った。

「それなら、重田も絶対にくるな。ちょっと具合悪いな。会う日を延ばした方がえぇで」

私をじっと見ながら、生島さんはそう言った。

「いや、会うと返事をしましたから、今日そのまま会いますわ！」

「鶴城はズル賢いとこあるからな。いきなり事件は打たんやろうけど、重田は違う。あれは絶対道具を持ってくる。手ブラでいったらなにが起きるかわからん。あれは用心せなあかん奴や…。一筋縄ではいかんぞ」

「それやったら、今日延ばしたところで、結果は同じです。大丈夫です。今日勝負してきます。話の理はこっちにあります。どんな奴かわかったんやから、それなりの肚は括っていきます。大丈夫です」

私もそこまでハッキリと言い、生島さんの言葉を待った。これまでと違い、生島さんの判断がつかない様子に、（こらぁ、よっぽど褌《ふんどし》締めてかからなアカン！）と改めて己を奮い立たせた。

「それで、何処《どこ》で会うんや？」

「なんや老松町にあるマンションの１階にある喫茶店で待っているからということです」

「あそこか、そのマンションの上に鶴城の部屋があるんや。その部屋に誘われても絶対にいくなよ」

生島さんの話で、敵の作戦が読めた。事を起こすならその部屋に連れ込んでからのこと。喫茶店では甘いことを言い、私を油断させるつもりだろう。

「わかりました。上に上がるも何も、どっちでもいいですわ。今日でキッチリ片はつけてきます。先延ばしするよりマシです。しっかり構えはしていきますから大丈夫です。終わり次第、連絡を入れます」

生島さんは、まだ迷っているようだったが、私からピリオドを打った。

「ちょっといまから準備もせなあかんので、これで失礼します。心配はいりません。しっかり勝負してきますから」

私はあえて、なんでもない、ちょっと散歩にでもいくかというような軽い調子で、笑顔さえ見せて生島さんが安心するように努めた。ここまで親身になって心配してくれる〝相談役〟にありがたく思うと同時に、これまでになかった親近感を肌で感じられることが無性にうれしかった。


「兵隊戻しとく」

指定された老松町の喫茶店はすぐわかった。

「30分たっても出てこなかったら事故発生や。そのつもりで飛び込んでこい。喫茶店にいなかったら上のどこかの部屋におる。常連らしいから部屋番はわかるやろ。カマシ入れてでも聞け！」

それだけを従えてきた者に言って、車を降りた。ジリジリ照りつける陽の光がまぶしい。予断を許さない場面が待ち構えているというのに、高いところから別の目で俯瞰《ふかん》するかの如く、やたらと落ち着いている自分を不思議に感じていた。

静かに、ゆっくりと店のドアを開けた。冷やっとした涼気が心地良い。内なる気合いを秘めて、店内に一歩踏み込み、余裕の視線を店内に投げた。

ビシッときた。敵意むき出しの粘っこい目をしたふたりの刺すような視線に、正面を向き、そのまま余裕のある歩みを意識して続けた。逆に呑み込んでやる。気負いのない自然体で横に座った。

手前に座る長髪の男が破顔一笑して言った。

「鶴城です。悪いなぁ、わざわざ」

あえて言葉を発せず、目の前の男の粘っこい目を見つめながら静かに頭を下げた。

「こっちはオレの友達で重田という男や。聞いたことあるやろ？」

私は先ほどと同じく、重田さんを静かに見つめながら、軽く頭を下げた。二人に狼狽《ろうばい》の色が見える。年下の、しかも在日の駆け出しにあしらわれている印象を受けたのであろう。これで五分五分。お互い先が読めない対等の立場になった。

すかさず鶴城さんが言った。

「ここでは話もできないから、ちょっと上の部屋に来てくれへんかな」

「ああ、いいですよ」

頭を軽く下げながら、ゆっくりと余裕の返事をした。ふたりが先に歩き出す。喫茶店のドアは上のマンション玄関ホールに続く廊下にある。ホールの反対側は表の道路だ。玄関を塞ぐようにして黒いベンツが停まっている。

私はスモークガラスで中が見えない車に向かって軽く手を挙げた。前後のドアが開き、男たちが飛び出す。前を歩くふたりに聞こえるように、

「オレは上の部屋に行く。すぐ済むからそのまま待っとけ！」

この一声で、〝勝負〟はあった。相手がヤケにならない限り、私を襲うことはまずない。誰かが降りたばかりなのか、小さなエレベーターのドアは開いていた。ふたりが無言で先に乗り込んだ。私も乗り込み、身体をゆっくり１８０度回した。10階のボタンが押されているのがわかる。背中に先ほどの鋭い視線とは違う、鈍角の苦々しげな視線を感じる。

敵に無防備な姿を見せているのは、私からの挑発でもあった。後頭部を割られたら、取り返しのつかないことになる。それも敵は重々承知のことだ。ケジメをつけたかったらいつでも来い！　といったところだ。

ガクンとエレベーターが停まり扉が開いた。外廊下なので焼けたコンクリートの熱気がムンムンと体にまとわりついてくる。暑がりの私はとたんに汗が噴き出す。外側の腰壁に向かって一歩進んだ。続いて降りたふたりが右に進み、一番端の部屋に入る。私も続いて中に入った。

室内は冷房が適度に効いていた。

「暑いでっしゃろ！　どうぞ、上着を脱いでよ」

ジャブを放ってきた。返事はしない。その言葉をサラリと聞き流して、3人掛けのソファーの真ん中に座った。ふたりの沈黙が続く中、鶴城さんが口火を切った。

「済んだことはもうええけど、別の仕事がもう始まっておってな。そのあたりよう相談してやってくれへんかいな」

すぐに返事はしなかった。本件を「もうええ」と言った時点で、勝負は完全に終わった。落とし所として、私の知らない別件を持ち出したのは、私に対するお土産みたいなものだ。しかし甘い態度は禁物、まだ気は許せない。

重田さんの不快感は頂点に達しているようだ。顔つきでわかる。

私はおもむろに言った。

「わかりました。いまの鶴城さんの言葉、頭によく入れときます」

「オウ、オウ。それはそうやろ。それより、今度一杯やろうやないか！」

そこで初めて軽く笑顔を交えながら、

「すいませんな。オレみたいな若造の顔を立ててもろて。鶴城さんの名前は俺も聞いてました。狭い世界です。機会がきましたら是非一緒させて下さい」

長居は無用。重田さんも不気味な気配を残したままだ。

「そしたら、俺は戻らせてもらいます」

素早く立ち上がり、鶴城さんだけに目礼をして玄関口に歩いた。背後に神経を集中し、静かに歩いた。鶴城さんだけがついてきているのがわかる。ゆっくり靴を履き、そして振り返った。

「えらい、今日はすんまへんでしたな。奥の人にも、よろしゅう言うといて下さい。帰ります」

軽く頭を下げつつ挨拶をし、静かに扉を開け、静かに閉めた。エレベーターまでの短い距離を歩く間、大仕事を終えたかのような心地よい疲労感と、一歩も譲らずに話をつけた満足感で胸がいっぱいだった。

「心配かけました。いま出てきました」

「そうか。鶴城はひとりやったんか？」

「いや、重田さんも一緒でしたね。上の部屋にも寄らしてもらいましたけど、ひと言もものを言わんと、エライ怖い顔して、いまにも噛みついてきそうな怖ろしい目で睨みつけられて、ホンマ、ションベンちびりそうでしたわ！」

「ハッハッハッ、そやけど、ムチャしよるな〜」

電話の向こうで、生島さんは笑いながら嘆息していた。

「今日の今日やから仕方なかったけど、次からは絶対こんな無茶なことはするなよ」

「すんまへんでした。そやけど、いまのオレからこれを取り上げたら、そこらのチンピラと同じことでっせ。もし殺されてもうたら、それはそれだけの男やったということです。生意気言いますけど、納得いくまでこのまま思うようにやらせて下さい」

「ハッハッハッ、そうか、ほな兵隊戻しとく！　あの寿司、ホンマ美味かった。また行こな！」

生島さんはそう言って電話を切ってしまった。「兵隊を戻す」とは、生島さんはいざという時に備えて、近所に自分の若い衆を待機させていたということだ。知りあって日も浅い私のような者に、そこまでしてくれるとは。それも、なんの押しつけがましさもなしに。ただただ、彼の想いが嬉しかった。

ボスと三代目

菅谷組組長・菅谷政雄。通称ボス。菅谷さんはそう呼ばれるのを好んでいた。〝ボス〟との出会いは、安野さん（仮名）という有力な在日極道の誘いで、京都の東映撮影所に行ったときのことだった。私が初めて生島さんと会った際、高見さんの口利きで、生島組の誤解を解いてくれた人だ。

彼はもともと酒梅組系の組員だったが、同組が四代目になったときに所属していた組が解散し、同じ生野出身の生島さんと縁を持った。安野さんも数奇な在日人生を送った人だといえる。この人の「ヤクザ人生双六」の上がりは、六代目山口組の直参である。

「センム！　京都の太秦へ行かなあかんねけど、一緒に行ってくれへんかな？」

こう言って、安野さんから誘われた。

この頃、私のことを、先輩たちはセンム、センム！　と呼ぶようになっていた。どこの会社の専務でもない。もちろん、会長でも社長でもない。通称センム！　なんにも〝せんむ〟だ。

「ちょっとそこの喫茶店に行かなアカンねや。センム、入口の方で黙って座っててくれへんか。奥でモメたら、その時は仕方ない。たのむで！」

安野さんはそう言って太秦近くの見知らぬ喫茶店に、私を伴って入っていった。奥の方に、６人ほどの男がタムロしていた。地元の中島連合会の者達であろうと見当はついた。念を押されたように、入口近くの奥が見通せる席にひとり座った。

安野さんは躊躇せず奥へ進み、頭目らしき男の前に、挨拶の言葉もなしにドカッと座った。頭目らしき男の隣の男が、私に視線を向けるのがわかった。安野さんが低い声でなにやら話し始めた。相手もそれに応じ、穏やかな話し合いが続く。ついている者たちがチラチラと私を見やる目線だけが気になるが、雰囲気は決して剣呑なものではない。

店の女の子が注文を聞きに来ないところをみると、彼らの内の誰かがこの店をやっているのか。安野さんが立ち、頭目らしき男が立ち、他の者が立ち上がった。安野さんの顔から笑みがこぼれている。その様子を見て、先に私は店を出て、外の通りに〝人〟がいないかを確かめた。

「ほんだら、そういうことでよろしう頼んまっさ！」

「わかりました！」

互いの挨拶が簡単に済み、別れ際に相手の目が私にも向いた。こういう場合、頭も下げず、挨拶も不要だ。経験則でわかったことだが、しっかりした若い衆は、どんな場面でも相手に迎合することはない。

「センム、ご苦労やったな。太秦にボスが来てはるさかい、一緒に行こ！」

安野さんはとても機嫌の良さそうな声でそう言った。


「ボス！　うちの兄貴が大事にしてる藤田のセンムさんです！」

太秦の東映京都撮影所の大きなスタジオの入口で、菅谷さんを紹介された。周りにはスクリーンでおなじみの著名な役者たちがいたが、その誰よりも〝華〟がある銀髪の紳士だった。満面の笑み、口元からこぼれる真っ白な歯がいまも目に浮かぶ。

生島さんの関係者と知り、無条件に心を開いてくれたようで、彼の方から手を握ってきて、力強く振った。安野さんを殊の外、気に入っておられるのか、なにかとあれば名前を呼ぶ。安野さんの気配りの仕方も半端ではない。私は一歩離れた所から、ふたりの所作をじっくり観察することに努めた。

他のスタジオから大物役者が挨拶に来るたび、私まで紹介されるのには、正直参ってしまった。初めて見る銀幕スターの素顔は男女を問わず、誰もが人懐っこく、物怖じしない紳士淑女たちであった。それは〝ボス〟というその世界の超大物の前であればこそであったのかもしれないが……。

ボスは定期的に顔を出してるようで、雑談を交えながら、個人的に受けた相談の結果などを明るい口調で話していた。

見ていて、合点がいったことがあった。

その時代、東映映画で絶大な人気を誇っていたのが女優の藤純子（現・富司純子）だった。いまは名門梨園の奥方に収まっているが、当時、『緋牡丹博徒』のお竜役で一世を風靡した。彼女の父親が、東映のやくざ映画をプロデュースした俊藤浩滋である。

ボスはこの俊藤さんと戦後の混乱期に兄弟分の契りを交わした仲だが、俊藤さんは神戸の松浦組にも近かった。俊藤さんと直接言葉を交わすのは先のことになるが、この俊藤さんの舎弟分であったのが後にＫＢＳ京都の案件で大きく絡むことになる山段芳春である。

混沌とした戦後の神戸でふたりが出会ったとき、ボスは国際ギャング団の頭目であり、かたや俊藤さんは進駐軍ジープの助手席に乗るＭＰの通訳だったと聞いた。

ボスはその後も、私によく声をかけてくれた。大阪・北新地のクラブに勤めるボスの愛人のひとりが、私と親しかったこともわれわれの関係を近くした。ボスの実子が私と同い年で親しくなったこともあり、いっそう私に気を遣ってくれるようになった。

しかし、1977年に菅谷さんが山口組から絶縁処分を受けたことから、当の菅谷さんだけではなく、私が兄事した生島さんの人生も暗転していく。菅谷組の舎弟頭をしていた浅野二郎さん、舎弟だった波谷守之さんも同じである。


ボスが絶縁処分を受けることになる事件が起きる前に、伏線となる出来事があった。三代目山口組と二代目松田組が激突した「大阪戦争」の最中、大日本正義団の吉田芳弘会長が、山口組系佐々木組の手の者によって射殺された（1976年10月3日）。

吉田会長と生島さんが兄弟分であったことから、ボスが身内である佐々木組の側ではなく、吉田会長の側に立ったかのような言動をしたとして、執行部が三代目親分の田岡一雄組長に直訴したのである。

しかし実際のところ、ボスは片寄った言動をしたわけではなかった。私のような立場のものでも、それはわかっていた。やむにやまれず事に及んだ側の言い分も汲み、大岡裁きをしようとしただけのことであった。その時は破門や絶縁処分まではいかなかったが、次の展開があった。

菅谷組の舎弟であり、北陸一の実力者だった川内組の川内弘さんは、公然とボスに反旗を翻したうえに、あろうことか本家の直参に昇格すべく工作を進めた。そのため浅野さんと波谷さんの若い者たちが、川内さんを粛清してしまったのだ。

この身内同士の事件が、いわば〝ご法度破り〟とされたのである。絶縁処分は執行部から出されたものであり、山口組三代目の田岡親分から出されたものではないとして、ボスは独立独歩の組織として〝男の面目〟を保とうとした。

菅谷組系の生島組の本業は賭博だった。それも野球賭博の大阪の元締めとして、かなりの金額を動かしていた。

セ・パ両リーグを合わせ、シーズン中は移動日を除外し、毎日6試合が開催される。普通は1試合200万円が賭け金の天井だったが、生島さんのところは青天井。つまりは上限なしで受けていた。そして客がいくら勝っても、日曜日に全額まとめてきれいに精算していた。そんな生島組に、小規模なノミ屋も含め客が集中するのは自明の理だった。

当然、菅谷組の他の下部組織もそれぞれノミ屋を営んでいた。しかし山口組から絶縁となって以降、それまで菅谷組の看板にアグラをかいていた下部組織はどんどん疲弊していった。事務所にトラックが突っ込んできたり、撃ち込みがあったりと、生島さんを様々なトラブルが見舞うことになる。

舎弟の波谷さんが殺人教唆で長期拘留中ということもあり、菅谷さんを守る幹部は、生島さん他、数名にまで減っていった。安野さんは福井に居を構えてまで、金沢刑務所に収監されていた波谷さんの身の回りをみていた。

結局、ボスは波谷さんの忠言もあって引退を決意するのだが、その段取りは、生島さんが姫路の竹中正久さん——後の山口組四代目組長と信頼関係があることから、二人が相談して全て段取りした。野球賭博の総元締めが竹中組であった。竹中さんは律儀で約束を絶対に守る生島さんの侠気を早くから熟知しており、男として全面的な信用を置いていたのである。

山口組三代目組長と菅谷さんが、余人をいれず対面した場面について、生島さんから話を聞いたことがある。竹中さんと生島さんだけが同席したのだ。菅谷さんが親不孝を詫び、両手をついて頭を下げると、三代目はその手を両手でつかみ上げて何度も頷き、

「これからは、茶飲み友達として会おうな」

と、泣きながら抱き合ったという。竹中さんも生島さんも、思わずもらい泣きをしたと聞いた。

この涙の対面後、三代目はほどなくして黄泉の国へと旅立ち、ボスもその後を追うように、数か月後に亡くなった。

ボスの悲劇は死後も続いた。ある日、生島さんから連絡がきた。

「藤田、ちょっと頼みがある。ボスの御影（神戸市）の家を藤田が引き取ってくれるか。ちょっと世間に言えん事情で、このままいったらボスの恥になるんや」

「わかりました。事情はわかりませんけど、ボスの恥は相談役の恥。なんぼ用意したらいいでっか？」

「2億5000万や」

「どこに届けたらいいでっか？」

「御影の家、知っているか？」

「知人に連れられて1回だけ行ってますけど、その家でっか？」

「そうや。何時頃に着けるか？」

「混んでなかったら、2時には着けると思います」

「そしたら委任されとる不動産屋を現場に行かすさかい、鍵と書類一式と引き換えに金を渡してやってくれ」

「わかりました。終わったら連絡します」

御影の家の敷地は、借地ながら約300坪。建物は150坪の2階建て。内装も重厚な造りの立派なものだった。訳知り顔の不動産屋は、始終暗い表情で、一刻も早く引き渡しを終えて、現場から離れたがっていた。「生島さんと話が済んでますんで」と言って、不動産屋は貰うものだけ貰うと、逃げるようにして帰っていった。

その訳は、屋敷内の点検を終えて、半地下階にある大きな駐車場に入ってわかった。山と積まれたゴミがあったのだが、その全てがボスの私物だった。胸の詰まるようなショックを感じた。

古い写真もたくさんあったが、全てハサミで乱雑に切り刻まれていた。この家に住んでいた女性は、金に換えられるものを全て換えて東京に行ってしまったと、翌日に生島さんから聞いた。なんともやるせない思いがしばらく続いた。

第四章

実業の世界へ

昭和の妖怪

西村嘉一郎という男がいた。私に〝事業〟のイロハを最初に示してくれた男だ。企業調査や不動産会社などいくつもの事業を手がけており、もともとは昔の仲間からの紹介で知り合った。憎めない性格であったが、これほどいい加減な男も珍しかった。

和歌山県選出の国会議員で、坊秀男先生という方がおられた。ある時、西村から坊先生の私設秘書の川田（仮名）を紹介されたのだが、かつて日本陸軍憲兵であったという非常に謎めいた人物だった。堺市の外れに自宅があり、ご本人と同じく老齢の奥方とのふたり暮らしであった。

西村からの私への要請は、この特殊で屈折した雰囲気を持つ老人、川田さんの機嫌を損なわないように、上手くお守りをして欲しいということだった。１９７０年（昭和45年）のことである。

これを受けて、東京に用事でもない限りは、川田さんの近くにいるべくミナミの心斎橋筋裏にある貸卓専門の麻雀屋に通うことになった。もともと小料理屋だった店舗の一部を改装したもので、和風の小料理も出す「一見さんお断り」の店である。

私より8歳年長の西村は、元ラガーマン特有の厚く広い肩と、異常に発達した太ももの持ち主である。個室の麻雀ルームは掘りごたつになっていたのだが、彼は席を立つときに必ず、その太い脚が麻雀台に引っ掛かり、積まれた牌の山を崩してしまう。

川田さんは、西村のマナーの悪さに加え、このことも大いに不満で、あからさまに西村を罵倒する。ところが本人は馬耳東風、なにを言われても相手を小馬鹿にしたような笑みを浮かべるだけだ。そんな調子だから、川田さんの怒りはますますエスカレートする。

最初は少し驚いたものの、ふたりの独特な和歌山弁でのやり取りを、私も楽しむようになっていった。

「センム！　明日と明後日の2日間、東京から人が来るんやけど、ちょっと横について回ってくれないかな？」

川田さんが麻雀卓を囲みながら、なんでもない口調でそう言った。

「私だけですか？　西村社長は？」

「いや、この男はダメ！　こんなガサツな人間、かえって邪魔！　私も一緒やから。ホナ、頼むな！」

あっさりと決まった。これが、〝昭和の妖怪〟のひとりに数えられた、知る人ぞ知る大谷貴義さんという老人と出会うきっかけであった。

大谷さんといっしょに過ごした2日間、私は初めて触れる別世界に驚嘆し、そして彼らに通底する〝腐臭感〟に、得体の知れぬおぞましさを感じることになる。

大谷さんと同行した2日間は、そごう百貨店、大阪産業大学、三和銀行本店、幸福相互銀行本店、福寿信用組合本店などを回り、その後の1週間も連日、川田さんに呼び出された。そして必ず1日1回、大阪市内にあったある税理士事務所に寄った。

この税理士は大阪のある大学の理事長に就任予定だと聞いたが、とても教育者には見えなかった。事務所に詰める若い人の風体からしても、暴力団の親分という言葉がぴったりの薄気味悪い人であった。たかだか7日余りの付き合いだったが、ニヒルな風貌と言動には、到底馴染めそうもなかった。

私のその直感は、ひとつの出来事で裏付けられた。ある日、税理士らと落ち合うということで、私が連れていかれた先は、西成・釜ヶ崎のいわゆるドヤ街であった。税理士はそこで、その日暮らしの労働者用の格安アパートを経営していたのだ。私も19歳の頃の一時期、この地域にある3畳一間のアパートに約3か月間、部屋を借りていたことがあり、地域の事情には詳しい。当時は1日100円、月3000円の家賃だった。

税理士の経営する〝ドヤ〟も同じようなものだが、規模が違った。入口はひとつだけだが、内部は木造2階建ての古い家を何十軒も繋ぎ合わせたかのような、迷路がくねる〝魔窟〟であった。戦後の混乱期、この地区の治安を守るのに、警察庁が大阪の老舗博徒組織、酒梅組三代目に協力を要請したことがあったと先人から聞いた。税理士が純粋なカタギではないことが、これで推測できた。

私と川田さん、西村とでこの税理士の事務所にいった際、川田さんがこう切り出した。

「センム、大谷先生がエラく君のことを気に入ってな。どや、先生のそばについて、いろいろ勉強してみる気はないか？　はっきり言って、私は顔もみるのもイヤなジイさんだけど、センムにとっては先々知っておいて損のないことがいろいろある。先生の方から望んでる話や。悪いようにはせん。どうかな？」

税理士も西村も承知の話らしく、黙って私の顔を見て、返事を待っている。

「私でなくても、税理士先生とこにしっかりした人がいてはるのに、なんで私ですのん？」

率直な疑問をぶつけた。

「いや、実は何人もいかせたけど、3日も持たんと帰ってくるんや。人使いが荒いジイさんでな。正直頭が痛いんや」

大谷さんや川田さんと過ごしたこの10日間ほどで、大谷さんという老人の人となり、生業については感じ知るところはそれなりにあった。川田さん、税理士のそれぞれの立ち位置も概略わかった。加えて、西村から大谷さんにまつわる終戦時のきな臭い話も聞いていた。和歌山出身の大谷さんは、歴史の綾とも言える終戦処理に乗じて莫大な資産を形成し、本業の宝石卸では「日本の宝石王」の異名をとるほどの地位を築いた。一方で政財界にも隠然たる影響力を持ち、東京に本拠を構えているのだから、良くも悪くも目立つ存在だった。

私の腹は決まった。私が日本人だったらこんな話は間違っても来なかったであろう。私が在日韓国人だから、私が向こう見ずの20代の不良だったから……。

「わかりました。ただし、部屋住みはできません。それでよいなら行かせてもらいます」

「そうか、そうか！　良かった！」

よほど頭が痛かったのだろう。川田さんも税理士も、心底ホッとした表情だった。なにが嬉しいのか西村までもが顔をほころばせていた。

東京都渋谷区代々木上原――大谷貴義邸は、その高級住宅地のなかでも、突出した豪邸であった。１０００坪の敷地内に家屋が建ち、さらに隣接地の１０００坪を買い足して庭続きの別館を建て増しているところだった。

大きな門に面する道路が、その区間だけ一方通行になっている。並びにある角の家に「山根」と表札がかかっていた。その山根さんとは往年の名女優、山根寿子さんとのこと。どうしても買収に応じなかったとのことで、大谷邸に組み入れることができなかったらしい。

そのときは知らなかったのだが、彼女の夫は映画プロデューサーの小川吉衛さんであった。当時の大谷さんであっても、この小川さんには太刀打ちできなかったのだ。隠れた大物である。

12億円の要求

小川さんのバックが政界だけなら、大谷さんも話をつけられたであろう。だが、大谷さんが鬼門とする関東一の親分、X会のトップとの太いパイプを持つ人物が、この小川さんであった。

大谷さんとの本格的な邂逅に触れる前に、小川さんとの因縁について記しておく。後年、私はKBS京都（近畿放送）の経営に深く関与することになる。小川さんはその関連会社であるシティーセンター京都の30％の株主で、金丸信先生を設立発起人に据えていた実力者だった。

このシティーセンター京都の代表取締役に私が就任したことから、小川さんと揉めることになった。

会社の資本金は1億円で、その30%の株式を小川さん、5%を彼の友人で旧三和銀行常務が持っていた。私は私自身が主宰する法人で55%を保有していた。

私は小川さん方の35%の株式の買い取りを申し入れた。金額は払込金3500万円の約9倍の3億円であった。

すると、小川さんから逆提案を受けた。同額を私に支払うから手を引いてくれという話である。シティセンター京都には鹿島建設系の鹿島リースから60億円の借り入れがあったが、河原町には約3000坪の土地を保有していた。それを持っていかれるのは、会社の設立時から様々な事業を仕込んできていた彼にすれば、トンビに油揚をさらわれるような話だ。私が横紙破りにきたと映っても、仕方のない構図ではあった。

小川さん側からは、最初は自民党代議士で、〝ハマコー〟のあだ名で知られていた浜田幸一さんが出てきた。私と浜田さんの子息の靖一とは、知らぬ仲ではない。しかし、この話を受けるわけにはいかなかった。浜田先生とも気まずい別れになった。

小川さん側は他にも多様な提案をしてきたが、全ての話を蹴った私に対し、〝奥の手〟を使ってきた。X会に話を持って行ったのだ。

このとき、私はX会との間でトラブルを抱えていた。シティーセンター京都の話が持ち上がる前々年、私は仕手筋により株を買い占められていた東証一部上場会社、日本レースの企業防衛に関与したが、その際に振り出した手形が偽造される事件が起きていた。偽造手形をつかまされた人物がX会の大親分と懇意で、手形を持ち込んだ人物をX会の本部事務所で締め上げてしまい、幹部が多数逮捕されていた。

この通り、私自身も日本レースもまったく関知しない出来事なのだが、X会関係者の間では、私のせいでそんな事件に巻き込まれたとして、なにかあれば帳尻を合わせてやろうと手ぐすねを引いて待ち構えていたのであった。

「藤田、いまどこにおる？」

大津の会長──私を個人的にも何くれとなく気遣ってくれていた四代目会津小鉄会の高山登久太郎会長は、在日の先輩でもあった。柳川組二代目の谷川康太郎さんと兄弟分であり、柳川の先代とも、南一家の小林一郎会長とともに〝兄弟〟と呼び合う仲であった。

「はい、大阪ですけど」

「藤田、Xのところとなにかあったんか？」

「Xでっか？　なにもおませんけど」

いつも穏やかな口調で話す会長だが、少し穏やかでない。

「いや、林（仮名）とな、野本（仮名）までがこっちに降りてきてはってな。どうしても藤田に強談判せなあかん言うて、兵隊も先に散らしている言うんや。けど、西のことやから一応オレに念達を入れとかなときてはるんや」

2人ともX会の最高幹部の面々だ。

「ヘェッ！　なんやたいそうな話でんな。わかりました。いまからそっちにいきますわ」

「おう。そうしてくれるか」

私は名神高速道路で約50分の、高山会長の自宅に車を走らせた。

「わかりました。小川さんが、X会の義理ある人やということで、幹部までが出張って来られたんですね」

「そうなんや。叔父貴が初めて湯河原で常盆を開いたときに、経営する旅館を提供した旦那さんらしいな」

「まぁ、金丸先生まで引っ張り出してくる人ですからね。ぶっちゃけた話、小川さんはナンボ欲しいと言ってるんでっか？」

「12億や言うとる」

「12億でっか！　わかりました。12億呑みますわ。X会の大親分が直に入っての話、チギるような不細工なマネはできませんやろ」

私はこの場面、東と西の大親分ふたりから子供扱いをされず、堂々と正面から渡り合える最高の舞台だと思い定め、即断した。

「そのままの数字でいいんか？」

「数字は関係おません。言う通りにして結構です」

一瞬、戸惑いを見せたものの、高山会長は言った。

「そしたら、すぐ連絡するわな。いつにする？」

「明日でもよろしいけど、先方も書類一式揃えなイカンやろし、明後日でどうです？」

「明後日やな！　ほれで場所はどこにする？　俺も一緒に話し合うから、東京駅の前に富士屋ホテルあるやろ。小佐野（賢治）さんとこの」

「八重洲富士屋ホテルですな？　そこでいいです。そこの会議室を私の方で用意しときます。国際興業は私も無理ききますから」


私は初めて東京で個人事務所を構えた際、帝国ホテルの旧館4階にある事務所仕様の部屋を選んだ。6部屋しかないエリアで、とっつきの部屋が元自民党議員の糸山英太郎。ひとつおいて私。隣の部屋を国際勝共連合会長の久保木修己さんが使用していた。

当時、帝国ホテルのオーナーには田中角栄の盟友といわれた国際興業の小佐野賢治さんが就いていた。

国際興業の本社は、八重洲通りから京橋方面に少し入ったところにあった。私の窓口だった竹澤副社長に言って、八重洲富士屋ホテル2階の会議室を用意してもらった。約束の2時に間に合うよう、私は高山会長と京都駅で落ち合い、新幹線で東京に向かった。現金は東京の事務所に言って、前日に準備しておいた。

2時少し前にホテルの玄関に入った。2階に上がる廻り階段の前に、見知らぬ者がふたり立ち、高山会長に挨拶をしている。関西ならこういうことはないが、さすがは関東、スマートである。銀行マンだと言っても通じる若い者が先に立って案内する。私は会議室の隣の小部屋を別途確保して、そこで現金を持った東京事務所の者を待機させてあった。

「初めまして」

会議室に入ると、すでに入室していたX会の両幹部、林さんと野本さんが立ち上がり、自ら手を差し出して挨拶をしてきた。高山会長の紹介を受けて挨拶をするつもりで入室したのだが、先手を打たれた。私はこのように出られたら、いっそう丁寧に相対することを心掛けていた。

「恐縮です。この度は私の言い分をそのまま叶えて頂けるよう、ご配慮を頂きました。ありがとうございました」

「いやいや藤田さん。そりゃあ逆ですよ。こちらも顔が立ちました。ありがとうございました」

高山会長は、自分が取りなすまでもなく、お互い笑顔で挨拶が済んだものだから、上機嫌で笑いながら着席をすすめた。役員の辞任届、株式保有は名義貸しであり権利を放棄する旨の確認書など一式の簡単な書類と引き換えに、隣室から運ばせたルイ・ヴィトンの鞄12個を引き渡した。

「領収書はいりません。それと、これは些少ですが煙草代です。どうか納めて下さい」

そう言って、私は別に用意させていたヴィトンの鞄二つを二人に差し出した。

「いや、これはまた、なんとも」

林さんが呆れ返ったような表情をして、横の野本さんの顔を見た。野本さんも驚いている。「わかりました。ここまで藤田さんに配慮してもらって言葉もない。これは間違いなくオヤジに届けます」

高山会長にも、このことは相談していなかった。

「藤田さん、これをご縁に東京に来られたら、いつでも連絡ください。ウチで間に合うことなら、何でもさせてもらいます」

私はそれには応えず、笑顔を向けたまま軽くうなずいた。

「会長、私は約束があるので行きますけど、会長も戻りはりますな？」

「オレも今晩、宮川町で約束があってな。戻らなかんねや」

高山会長の言う宮川町とは、京都五花街のひとつ、東山区宮川町一帯を縄張りにする親分のことで、この方も在日の先輩である。

「今日はお疲れさんでした。明日、午後一番に大津へ行きますわ。いてはりまっしゃろ！」

「おるで、なんや、なんかあるんか？」

「なにもおまへん。今日のことでちょっと挨拶したいだけです。昼飯は済ましていきますから、姐さんに気ぃ遣わんように頼みます」

東京駅まで私の車で高山会長を送らせた。

帝国ホテルタワー棟の30階に私の東京での宿舎があった。築地吉兆での会食を終え、部屋に戻った。部屋の灯りをつけて驚いた。大きな胡蝶蘭の鉢が、それも5鉢、リビングルームに所狭しと並べられていた。中央の30本立ちの鉢に札が立っていた。

林さんが手配したに違いない。白い小封筒が添えられていた。私の部屋がどこかなど知るはずもないのだが、わからないでもなかった。タワー棟では20階までがオフィス仕様のフロアーであり、その15階にX会トップの個人事務所があると聞いていた。ただし、その部屋の契約者は別の会社であった。部屋の入口にも、タワーの玄関にも一切、名前が出ていない。知る人ぞ知る、特別の部屋があった。東京に大事な来客があるときのみトップが使用する部屋で、内装も豪華であると聞いていた。同じ帝国ホテルの住人として、歓迎のご挨拶を頂いたものと理解して、負担に思わず受け取ることとした。

翌朝一番で20階のプール・サウナで一汗流し、中2階の『レ・セゾン』で朝食を摂りながらのミーティングという定番コースを終え、新幹線で京都に向かった。大阪の事務所に連絡し、京都駅に車を回してある。その車にはルイ・ヴィトンの鞄ではなく、ダンボール2箱が積んであるはずだ。

富士山の雄大な姿を車窓の右に見て、この数日間に起こった出来事を自分なりに反芻してみた。小川吉衛なる人物との関わりから、短時間でここまで舞台が飛躍するものなのか。怖じけず、恐れず、怯まずに、謙虚かつ堂々たる人生――。苦しいとき、辛いとき、この言葉で自分を叱咤激励する。

謙虚かつ堂々。

右手に聳《そび》える富士山を見つめながら、繰り返し、心の中でこのフレーズを叫んでいた。

京都駅から高山会長の屋敷に向かった。

廊下の奥から、専用の革スリッパで歩いてくる音がする。廊下の右側に続く和室から、高山会長の奥さんが唱える「南無妙法蓮華経」のお題目がずうっと聞こえている。奥さんは熱心な創価学会の信者で、高山会長の屋敷を訪れてこの声を聞かない日はない。

「昨日はお疲れさまでした」

「いや、オレより藤田が疲れたやろ。今日わざわざXのオジキから礼の電話があったわ」

「私の東京の部屋にも、ゴッツい花が入ってきてましたわ。エラいカマシが入ってきたと思いましたけど、ありがたく受け取ることにしました」

「アッハッハッ、そうか！　あの方はしはることが何でも桁違いやからな。この間も、ソウルのゴルフ場へ一緒さしてもろたんや。そしたら、支配人に１０００万、キャディひとりずつに１００万や。ついてる者は大変やで」

「それウォンでっか、円でっか？」

「円やがな！　韓国でゴルフするいうたら、声かかった者は嬉しいけど、５０００万は持っていかなあかんねや」

「そら、ついている人は大変ですな」

「ヤクザ者としては誉れやけど、続いたらシンドイわな。麻雀囲ましてもろても、オレらはエエで。そやけど、金ない者は断るのに必死や。金ないから言われんからな」

「どんなレートですのん？」

「レートもレートやけど、とにかく5000は横に積まな勝負にならんからな」

「やっぱり日本一の博徒でんなぁ、ケタが違いますすな」

そんな風に冗談混じりで挨拶したあと、

「会長、この度はいろいろ気ぃ遣わせました。これは私の気持ちです。納めて下さい」

と言って、私は持ってきた段ボール箱を会長の横に滑らせた。

「うん、それはわかったけど、こんな貰うてもエエんか」

「会長がおれへんかったら、こんな気持ちよう収まることはなかった話です。遠慮せんと納めておいて下さい」

「そうか、悪いな」

そう言って席を立ち、戸棚から手文庫を取りだし、書類の束をつかんでみせた。

「これな、みんな借用書や。一応こうして取るけど、年末に全部焼いてまうんや。ヤクザしとって、利息取ったり、返さん言うて追い込みかけたり、そんなことはオレはできん！　はっきり言うて、藤田みたいにこうして挨拶や言うて、こんな大金持ってくる者、ひとりもおらん。藤田が初めてや」

言い終わると、高山会長は口を閉じ、廊下の向こうの和室で唱名を続ける姿の見えぬ奥さんに、思いを致しているやに見えた。

高山会長も達観の境地に立っておられる人だなと、私も神妙な気持ちで座っていた。

多士済々

話は大谷さんとの邂逅に戻る。南青山に小さな部屋を借り、大谷さんとの生活が始まった。朝10時には代々木上原の大谷邸に着き、付き人としての仕事が始まる。そして夜、大谷さんは大きな居間の真ん中に置かれた欅造りのちゃぶ台の前に安座して、年配の家政婦さんが煎れたほうじ茶をひと口啜った後、おもむろに部屋の周囲に畏まって立つ全員を見渡して声をかける。

「ご苦労さん！」

これでようやく、その日の仕事は終了となる。

大谷邸に入って、来客の多いことにまず驚かされた。基本的に早朝の来客は受けず、ご本人は奥の部屋で、京都から出戻った娘や孫と過ごすことが多い。私が到着する10時から来客が続くのだが、8時、9時から強引に押しかけてくる剛の者もいた。

それらの客も必ずと言っていいほど、一般来客用の応接室で、私が到着するまで待たされていた。政治家、実業家、マスコミ、ジャーナリスト、芸能人、各種団体の長、地方の首長などなど、多士済々である。

押し掛け組は、いわゆる〝ブラックジャーナリスト〟と呼ばれる恐喝屋である。私の仕事は、その人たちとの面談に同席することから始まる。後年、謂われなき罪で獄に落とされることになったイトマン事件のもともとの発端、平和相互銀行の関係者たちと、私はこの大谷邸でその接点を既に持っていたことになる。

学があるうえに押し出しの強い裏紳士たちと、言葉で渡り合っても勝てるはずがない。理屈ではなく〝屁理屈〟をこねくり回してくるのだから、どこまでいっても平行線。だから私はワンフレーズに徹した。

「ダメです」「できません」「お願いします」「すみません」

何をどう言われようと、この4つの言葉を組み合わせ、ハッキリと、明確に、相手の目を見て繰り返した。

ただし、「すみません」「お願いします」と言いながらも、頭を下げることは絶対にしない。応対は丁寧でも、頑として相手の言うことは聞かないのだから、始末に負えない。シビレを切らして席を立つ者もいたし、私に脅し文句を吐く者もいた。

私はそれに対しても同じフレーズを繰り返す。同席することもある他の秘書たちにも、私の対応を黙って見ているだけで、一切の口出しはさせない。

政治家への〝お車代〟の手渡しも、私経由ですることが多くなった。例外なく100万円入りの封筒であった。

他に300万円、500万円、1000万円の封筒もあった。1000万円の封筒をふたつ、3つと重ねて渡す場合は、なぜか高島屋百貨店の紙袋に入れて渡していた。100万円の封筒はこちらが軽く見ている相手や、イヤイヤ仕方なく渡す相手、たとえば共産党の代議士などに渡していた。

大谷さんの楽しみは、食が一番で二番が女性。大谷さんはどこへ行くにも必ず私を同行させ、食事の席にも同席させた。

数々の最高級の店、最高級の料理を口にした。なかでも、いまだに記憶に鮮やかな店がある。渋谷にある『路地』という看板のかかった割烹料理店だ。ひとりで行けと言われたらたどり着けそうもないほど曲がりくねった〝路地〟の奥に佇む、カウンターだけの小さな店である。5人も座れば満席となるそのカウンターは檜の一枚板で、店の設《しつら》えも風情のある落ち着いたものだった。

何度か連れていってもらったが、他の客がいたためしがなかった。お品書きもなく、店の表に小さな灯りをともすように『路地』という看板がポツンとあるきりだ。

大谷さんは、酒は殆ど嗜《たしな》まない。和食の場合、ぬるめの燗酒をお猪口一杯やる。洋食でも、ワイングラスに口をつける程度であった。時に私にも残りの酒を勧めてくれるが、私はそれを飲んだことがない。

大谷さんには、私が生理的に受け付けない癖があった。食事の場であろうとなかろうと、ところ構わず痰を吐くのである。場末の食堂ではない。大谷さんの行く場所は全て一流である。静かな場所に痰を切る音を大きく響かせ、灰皿や食器を問わずにペッと吐く。大谷さんの金力がそうさせるのか、そのことを窘《たしな》める人は誰もいなかった。

『路地』の料理は、その日の朝にあがった魚次第で決められる。野菜をはじめ、材料は全て厳選されたもので、産地直送が多いとのことだった。普通の店ではなく、いうならば大谷さんと、彼と近しい者だけが利用する隠れ家であろう。

月に1回、新幹線で大阪へ行き、私が用意させた車で、一緒に和歌山県の橋本市に行った。大谷家の墓所が、橋本市の紀の川を眺める小高い場所にあった。大谷さんは外国には決して行かない。飛行機に乗るのが怖いという理由だ。国内でも移動は列車か車しか利用しない。

約半年の間、大谷さんという人の側にいて、様々な勉強をさせて頂いた。普通なら会えないであろう方たちにも会わせてもらえたし、身近には聞けない話も聞かせてもらえた。

大谷邸の増築工事が完了し、その祝いをしたときのこと。受け付けで私と並んで座ったのは、松下電器産業の松下正治社長（当時）であった。大谷さんは、松下幸之助さんとは同じ和歌山県人としての付き合いもあり、同社の〝社友〟の名刺も利用していた。

福田赳夫先生は特別深い付き合いだったが、後に外務大臣となる園田直先生も、まるで家族の一員のごとく出入りしていた。それも、奥の家族だけが住むエリアに当たり前のように入って行く。大谷さんの妻と娘さん、そして園田先生の3人が、まるで仲睦まじい家族のように、奥の庭を散策している姿も見た。

時の山口組幹部である佐々木道雄さんが初めて大谷邸にきたとき、邸内でちょっとした騒ぎがあった。

私が午前10時に着く前に、誰が手配したか、門が開けられており、なかに4トントラックが2台入っていた。荷台には当時、国民的人気を博し〝ダルマ〟の愛称で呼ばれていたウイスキー『サントリーオールド』が山と積まれていた。これを受け取るか受け取らないかで、書生たちが混乱していたのである。

受け取るも受け取らないも、すでに荷物は邸内に入っている。受け取るしかない。答えは一つである。私は言った。

「早く手分けして、事務室の横にでも積み上げておいて！　私が受け取ったということで、後で報告しておいたらいいから！」

こんなことで狼狽《うろた》えていては、余計に足もとを見られる。悠然と受け流すに限るのだ。大谷さんに報告した。

「先生、佐々木の組長さんから名刺代わりとしてウイスキーをトラック2台分頂きました」

そして、訪れた佐々木さんに謝意を伝えた。

「佐々木の組長、ありがとうございました。事務所の使いもんにさせて頂きます。ありがとうございます」

大谷さんが言う。

「佐々木さん、ありがとう。この男な、藤田君や。大阪の先生からの紹介で、いまそばに置いて雑用係さしとるんよ」

「藤田います。よろしくお願いします」

佐々木さんは、軽く笑みを浮かべながら頷いた。しかし、明らかに気分を害した目つきで、黙って私を値踏みしていた。

「先生、私は別の客がありますんで」

「オウ！」

目を佐々木さんに転じて、軽く頭を下げた。

「失礼します」

隣にいる大谷さんの大番頭には目もくれず、大谷さんに目礼して部屋を出た。

それから間もなくして、佐々木組の事務所が神戸市中央区加納町に移転した際、大谷さんが引越祝いをかねて新事務所を訪問することになった。

「では明日、朝7時までにきます。戻りの新幹線は新大阪駅から乗車で、東京駅着は21時15分。そのまま自宅へ直帰します。大阪の車は私が手配しときます。神戸の事務所も今晩中に確認しときます」

大番頭は元バンカーで、三和銀行出身だと聞いた。実直な人で、いつも鞄を手放さない、文字通り〝鞄持ち〟と言える人だった。私たち若い人間にも、分け隔てなく接する紳士である。

大谷さんが袱紗《ふくさ》に包んだ祝金は500万円であった。トラック2台分のサントリーオールドとは、一応これで帳尻は合う。佐々木組事務所へは午前11時過ぎに着いた。

表に組員の姿はなかったが、建物の中に入ると若い衆をビッシリ整列させていた。予行演習でもさせていたのか、「ご苦労さんです！」の挨拶の声にも、一斉に頭を下げるタイミングにも、一分の狂いもない。売り出し中の組織はやはり違う。

大谷さんもさすがである。いつも左手をズボンのポケットに入れてセカセカと歩くのだが、この出迎えをものともせずに、奥まで開けられた花道を、いつものようにポケットに手を入れて、右手を軽く上げながら衆列を無視して突っ切っていった。その様子を私は小気味良く感じ、大谷さんのペースに合わせ従いていった。

奥の応接間に佐々木さんが一人でいた。すぐにおしぼりと熱いほうじ茶が出る。やることにそつがない。私にも同じものが出たが、立場はわきまえている。いっさい手をつけなかった。大谷さんが私に目を向けるのを待ち、紺の袱紗包みを大谷さんに渡した。彼はそのまま佐々木さんの前に押し出した。

「これ、気持ちだけのお祝いなんじゃ。納めちょいて」

佐々木さんも慣れたものだ。大仰に両手で捧げ持ち、大谷さんに目礼だけを返して静かにサイドテーブルの上に置いた。大きさで500万円だと分かっているのだろう。佐々木さんは500万円でなく、帯封付きの1000万円を腹積もりしていたのだと思う。1000万円のブロックであれば、代貸か若頭を呼んで大仰にお礼の挨拶をさせ、佐々木さんとのエンドレスな〝挨拶合戦〟が繰り広げられていたはずだ。

良くも悪くも大谷さんは役者が違った。

ほうじ茶をふた口ほど音を立てて啜った後、ガーッと痰を切り、使ったおしぼりを広げて、「べっ」と吐きだし、平然とそれを丸めて口元を拭いた。佐々木さんは明らかに不愉快な表情をしていたが、私は何食わぬ顔の素知らぬ振り。

「ホタラ、行こか！　大阪で用事があっちゃってな。東京へはいつ来ちゃるんな？」

と言いながら、大谷さんは素早く立ち上がり、佐々木さんの返事をしばし待つ。私も立ち上がり、出口の扉の前に移動した。

「オイッ！　東京の大先生が帰られる！　先生、改めてお礼の挨拶に寄せてもらいますが、チョット親分の用事で西へ降りてこなあきません。前もって連絡は入れますんで。今日はわざわざ事務所まで足運んでもろてえらいスンマヘンでした」

「誰か！　誰か！」

大谷さんの食欲は底なしだった。肉料理でも、ヒレ肉を３００グラムは平気で平らげる。週に３日は肉を食する。

この日も大谷さんの彼女が経営する銀座の会員制クラブに併設されたステーキハウスで、生に近いレアの肉を食べた。大谷さんは、いつも私に同じ料理を出してくれる。私もやめ

ておけばよいものを、あまりにも美味しかったので、大谷さんより速く肉を平らげてしま
った。

なにしろ、まだ20代前半の食べ盛り。見かねたママさんがシェフに頼み、もう一人前の肉を私に提供してくれた。Ａ５ランクの肉しか使わない店だが、頬が落ちるとはこのことで、おかわりの300グラムもペロリと食べてしまい、ママさんにも大谷さんにも笑われてしまった。

20歳を過ぎるまで、肉といえばホルモンを指し、鶏や豚も年に数回しか食べることができなかった。美味しいもの、それも最高のものをご相伴にあずかれたのは、僥倖《ぎょうこう》といえるものであった。

ご機嫌のまま、代々木上原には普段より遅目の22時過ぎに帰り着いた。大谷さんがスーツから部屋着に着替え、上に茶羽織をひっかけて居間に戻ってきた。大きな欅《けやき》の無垢《むく》材で作られた座卓の前で、書生たちが注視するなか、首を回しておもむろに腰を下ろした。

大谷さんの尻が座布団に着くか着かないか、その瞬間だった。

庭で大型秋田犬の吠える太い声が響いた。

「ゥウォンウォンウォン！」

その途端、大谷さんが予想外の行動に出た。

「誰か！　誰か！」

叫びながら、座卓に両手をつき、座り直すのかと思えば立ち上がり、また座り直すと思えば立ち上がる。とうとう庭に面した大きなガラスの引き戸に走るように近寄った。

「誰か！　誰か！」

わめき声に近い大声を出し続ける。

その時、庭から昼間かと見紛う強い光が入ってきた。野球場のナイター戦で使用するような照明灯が一斉に点灯したのだ。庭にそんな照明設備があるのを初めて知った。

大谷さんの狼狽ぶりは尋常ではなかった。最初の大声を受けてすぐに5、6人の書生たちが引き戸を開け、犬の鳴く方向へ走っていく。ふたりの女衆は居間の入口で固まっている。触らぬ神に祟りなし——そんな表情だった。

大谷さんと向かい合う形になった私は、彼の一挙一動を冷静に観察していた。大谷さんだけではない。私の神経は見えない庭の奥まで届かんとするほど、鋭利な刃物のように研ぎ澄まされ、その切っ先はそこら中へ飛んでいた。

庭を点検していた者が、順次縁側に近寄り、異常がなかった旨を大谷さんに告げている。だが、大谷さんの興奮はおさまらない。叫ぶことはなくなったが、落ち着きがなく右往左往している。私の心の中の冷え込みは増していくばかりだった。

「この年寄りは一体どれだけの悪事を働いてきたんや。何にここまで怯《おび》える？　これだけの超大物が、番犬が吠えただけでこの様か…」

この騒動は、日本警備保障のガードマンが来たことで、ようやく一段落した。大谷さんもガードマンが庭の隅々まで点検する様子を見て、少し落ち着いたのか、自分の定位置に腰を下ろした。

平穏を取り戻した室内だが、異様な空気に満たされていた。うつろな目で座り込んでいる老人を、一同が気遣っている。だがそれは、憐憫《れんびん》や同情の類ではない。明らかに皆がこの老人を怖がっているのだ。

私は黙って出入り口に向かって歩き、軽く大谷さんに一礼して、その部屋を出た。大谷邸は森閑とし、手入れの行き届いた庭木に反射する白い照明灯の光が、絶妙なコントラストをなしていた。この時、私は決して感傷的になっていたわけではない。冷静に自身の結論を出していた。

翌日、9時前に大谷邸に着いた私は、大番頭はじめ、表で勤めている人たちに挨拶をして回った。事務所の都合でどうしても大阪に戻らなければならない。深い説明は必要なかった。

「急な問題が起きた際は、いつでも連絡を下さい」

大番頭にそう伝え、古株の書生にも連絡場所を伝えた。

大谷さんが部屋着のまま出てきた。

「なんでも言っちょいでよ。税理士のとこには、たまには顔を見せちゃりよ！」

「はい、えらい急なことですんません」

そのひと言で少し安心したのか、大谷さんは両手で私の手をきつく握り、大きく何度も振った。そこに大番頭が髙島屋の紙袋を持参し、大谷さんに渡した。大谷さんはそれを受け取り、私に押しつけた。

「これ、もって帰っちゃり！」

大谷さんは私の挨拶も受けることなく、そのままセカセカといつもの調子で奥へ戻っていった。大番頭と顔を見合わせ、お互い苦笑いをするしかなかった。

こうして、約半年にわたる大谷邸での社会勉強は終わりを告げた。

以降も月1度の和歌山への墓参りのお供は、件の税理士が新たな人材を手当てするまで、1年ほど続いた。その期間を含めて2年程の間に、大谷さんに直接電話をして、3000万から5000万円の緊急資金を3度用立ててもらった。

いずれも手形の決済資金が不足し、どうしても現金が必要なときだった。時間は午後3時15分から3時30分の間である。

「オウ、どうよ！　いくらよ！　15分ほど待っちゃりよ」

電話一本で、この言葉を聞くだけで事は成った。15分後に電話が鳴る。

「オウ、××支店に行っちゃりよ！」

指定の支店の職員通用口へ行き、インターホンで大谷さんの名前を告げる。今ではあり得ない話であるが、どの支店でも通用口を入ると職員が待機しており、紙袋に入った現金を渡してくれた。領収書も念書も、なにも要求されなかった。

「大谷先生の使いですけど」

このひと言だけで用が足りたのである。

庭で犬が吠えただけであれほど醜態をさらした大谷さんには、もう師事することも習うこともない。あれだけの金力と政治力を持っていても、なにかに怯え続ける人生など真っ平御免だ。そう見切って大阪に戻ったのだが、困ったときの神頼みでお願いしてしまった。大谷さんもまた、何を聞くでもなく、ふたつ返事で対応してくれた。有り難いことであった。

第五章

尼の組長

東急建設事件

《東急建設、恐喝で捜査　殺人組長ら手先に》

１９８３年（昭和58年）４月19日、全国紙の社会面に、こんな記事の見出しが躍った。《指名手配》として私の名前も書かれていた。

私はその一報を、静岡県伊東市にある川奈カントリークラブのクラブハウスで、食事中に聞いた。

「こんなバカげた話があるか！　あのクソババア、やりやがった！」

伏線はあった。

東急建設の人間とは、私の生涯の恩人となる東邦生命保険の太田清蔵社長に引き合わせて頂いていた。太田社長との邂逅については後述するが、当時の東邦生命は渋谷にビルを所有していた。言うまでもなく渋谷は東急村である。その村長に仁義を切らないといけない。太田社長は建設や不動産に携わり始めた私を東急建設に連れていってくれた。

当時の東急建設会長は八木勇平さんという方で、五島昇さんの異母兄だった。オーナー家の方である。華のある奥行の深い人だった。五島さんの長男の哲さんを身近に置いて、育てておられた。

「わかりました。太田さんが紹介されるのなら、なにかあれば遠慮なしに言ってきて下さい。大阪でなにかあれば支社長に言ってきて下さい。どんな応援でもするから」

そんな言葉をかけていただいた。

これをきっかけに、大阪の東急建設の様々なことで下請けさせてもらうようになった。不動産開発を一緒に進め、中でも大きな案件が梅田の再開発だった。当時の梅田は大阪の玄関口ではあったが、阪神百貨店の裏一帯は駅前の一等地にもかかわらず、まだ敗戦直後そのもので、バラック建ての店が軒を連ねていた。戦後、闇市以来の不法占拠が続き、土地の権利関係が輻輳《ふくそう》。数多の課題を抱えている場所だった。

私が東急建設の下請けとして、梅田駅前の再開発に関わった際、お世話になったのが、同社の専務取締役兼大阪支社長だった。

年の瀬も押し迫った82年12月25日、切羽詰まった声の電話が入った。

「私です！　助けて下さい」

支社長からの電話は、悲鳴にも近い悲愴なものであった。

「え、なんですのん？　どうしたんですか。何があったんですか？」

「うちの副支社長が、とんでもない人たちに捕まって、監禁されているんです。このままでは殺されてしまうと本人から電話が入ったんです」

私は「まず警察に連絡を」と支社長に伝えたが、それが出来ないと言う。

「なにやら訳ありですね。わかりました。どこに監禁されているんですか？」

「神戸の滝口（仮名）という女性なんです。その女の自宅らしいんです。私に支社長印をもって、すぐ来てくれと言ってるんです」

事態が今一つわからなかったが、その滝口なる人物の連絡先と住所を支社長から聞いた。

「わかりました。とにかく私はいまからそこに行きます。行って副支社長を連れ戻してきます。支社長は会社ですね」

「はい」

「心配せんでよろしい。必ず連れ帰ってきますから、会社で待っていて下さい」

「はい、待っています。すいません。なんとか事を荒立てずに、副支社長を帰してもらって下さい。助けて下さい！」

こうして私は、突然の暴風雨のごとき〝珍事件〟の真っ只中に飛び込んでいった。

「もしもし、滝口さんのお宅ですか？」

電話をして出てきたのは、想像を超える野太い声であった。

「はい、滝口です」

「滝口さん、大阪の藤田いう者です。そこに東急建設の副支社長さんがお邪魔してますやろ。その人に用事があって、今そちらに向かってますんやが、30分もかからんと着きますんで、おかしなことはせんといて下さいや」

「なに言うとんの！　あんたどこの者や！」

「どこの者でもおまへん。とにかく、すぐ着きますから頼んまっせ」

言うだけ言って、私から一方的に電話を切った。手強さは感じたが、それだけに少し安心もした。

神戸の高級住宅地。そのなかでもひときわ目立つ場所に〝滝口〟と大きく書かれた表札の豪邸があった。敷地面積の広さもさることながら、その重厚な佇まいには、ある種の感動を覚えた。この滝口という表札さえなければ、何代も続く素封家の趣を凝らした、立派な名邸であった。

「へぇっ！　このオバハン、なかなかのモンやな」

門扉に取りつけられた、これもセンスのいい特注であろうインターホンに向かって、丁寧に訪れを告げた。しかし、その思いは、現れた若い男の安っぽい風情を見て霧散した。門から石畳を10メートルほど行くと、無垢材で設けられた門扉の前に着いた。

「どうぞ」

卑しい目付きの男はそう言った。目を合わすこともなく、無言で男の招きを受けて、玄関口に入った。


「なんやの、アンタ!」

50畳はあろうか、通されたリビングの正面中央に置かれた巨大なソファーに、両腕を乗せた相撲取りのような女性が、開口一番いきなり吠えた。

余程私の電話での口上が腹に据えかねたのだろう。柳に風と受け流す。

「すんまへんな。電話で言うたように、ただの土建屋の親方ですわ」

「そんなアンタな。私のことを何も知らんみたいやけど、アンタみたいなもんが出てくるとこ違うさかい、ケガせんうちに帰り、帰り!」

とりつく島もないとはこのことか。身長はわからないが、座高から推して180センチはあろう。応接のソファには七三分けの男が座っている。上目づかいに私を見つめる目が、なんとももの悲しい。この男が東急建設の副支社長だった。

「いや、帰り、帰り！　と言われても、その横に座っている人を連れて帰らなあきませんねや。副支社長さん、さぁ一緒に帰りましょ」

私はまだ座りもしていない。彼に向かって手を差しのべるように歩き出した。

「あんた、何をしてんの！　ホント、訳のわからん奴やな。ちょっと出といで！」

その一言を受けて、滝口が座るソファーの後ろの扉がバーンと開く。15人以上の男たちがズラリと並んで、私を睨み付けていた。まるで漫画のワンシーンである。

「おい、兄さん。さっきから奥で黙って聞いてたけどな、うちの会長さんが言わはるようにな、あんたがナンボイキってもな、どうなるもんではないんや」

私は黙って、先頭中央に立つ男の顔を見つめた。

「オレはな、こういう者や！」

男はそうがなり立てるや、背広の内ポケットから一枚の名刺を取り出した。左上に金色の菱形マークが燦然《さんぜん》と光る。その男の顔を見直した。男は私の反応に満足したのか、余裕の笑みを浮かべている。名刺には、山口組系列団体の「S会」の副会長とあった。

「わかったやろ。大阪の建設会社とな、A社とな、うちが1年前から、この滝口会長に頼んで仕込んできている案件でな、今更あんたが出てきたんやからというて、どうなるもんとは違うねんや！　そやからな、おとなしゅうに、黙って帰り！」

滝口は表と裏の人脈を通じて兵庫県や神戸市による主だった公共工事を受けていた。国会議員から県会議員まで、地元議員と付き合いが深く、大手のゼネコンでも、神戸周辺の公共工事を請けるときには〝滝口詣で〟をしなければ受託できないほど、隠然たる力を持った女性だった。

滝口は、東急建設に神戸の屛風谷という土地を40億円で買わせようとしたのだが、その際、「東急建設に頼まれて開発図面を書いていた」という構図で、この図面代金7000万円を支払うよう設計依頼の契約書を作成してきた。拒否すると、東急建設の副支社長を呼び出したというわけだ。

敵は完全に余裕の表情。緊張感の欠片《かけら》も感じられない。大組織の紋章をひけらかすことで、楽に世渡りをしてきた者たちの典型である。

「わかりました。それな大がかりな仕掛けではどもなりまへんな。すんまへんけど、30分だけ時間を下さいな。すぐに戻ってきますさかい」

私は副支社長に向き直って改めて伝えた。

「すぐ戻ってきますさかい、そのままそこに座っといてな。皆さん、大物の人たちみたいやから、そこらのチンピラみたいなマネはしませんよって大丈夫です。ちょっとやから待っといてな」

こうした場面は、勢いを持った者が場を制するということは経験則で知っている。

「ほんだら、頼んます。30分もせんうちに戻りますんで」

踵を返して外に出るや、待機させていた車に乗りこみ、尼崎の個人病院に入院する一人の男性の元へと向かった。

その人こそ、尼崎の大物である古川組組長・古川真澄さんだった。

留置場で焼肉

古川さんの組の主な舎弟はほとんどが在日だった。元来、尼崎というのは在日が多い。学生時代からの不良仲間も何人かいた。そのうちのひとりが下手を打ち、組から逃亡して追い込まれたことがあった。私に助けを求めて来た彼を、見捨てることはできない。

窮鳥懐に入れば猟師も殺さず。私はひとりで古川さんのところに話し合いに行った。それが出会いだった。

「いまは真面目に私の会社で仕事をしているから許してやって下さい」

そう言って頭を下げると、「わかった」と気持ちよくのんでくれただけでなく、逆に私をリクルートしようとした。

「私はその気はないけれど、万が一将来気が変わって、短い人生で花火を上げようとなったときにはその時は自分からお願いします」

丁重に断ったが、以来、古川さんに気に入られ、私のことを「専務」と呼んでいただく付き合いがはじまり、親しく交誼を重ねていた。


私は滝口の家を出て車を走らせ、古川さんが入院していた尼崎の病院に飛んで行った。途中、大阪の私の事務所に電話を掛け、５００万円の束を五組作り、神戸の現場へ持ってくるよう命じた。

到着した私は病室に入るなり、

「古川さん、すんません。頼みがおまんねん。チョットそのままガウン着て、私と一緒に来て下さい」

突然のことだ。ベッドにいた古川さんは何が何だかわからない。

「なんや、何があるんや」

「いや、時間がないねん。とにかく、早よ、ガウン着て。説明は車でしますわ」

「ホンマ専務、ムチャやな」

パジャマの上にガウンだけ羽織らせて、古川さんを車に乗せた。滝口宅にトンボ返りだ。車中で手短に東急建設の副支社長が囚われていることを説明した。

「S会が出てきてるんですわ」

「Sの誰や？」

「よう知りませんのや。とにかく滝口というオバハンのところにいるんですわ」

そんな話をしているうちに、すぐに豪邸に着いた。向こうから見れば、先ほど帰った若い男が、パジャマ姿にガウンを羽織った小ちゃいオッサンを連れてきている。

滝口のまわりの男たちも、皆あっけにとられている。

古川さんが若い衆のリーダー格に声をかけた。

「お前、Sのもんか？」

「はい、そうです」

「ちょっとアニキのところに電話せい」

「えっ？」

「アニキや」

S会の会長、自分の親分を〝アニキ〟と呼ぶ時点で、山口組の直参だとわかる。

「すぐ電話せい」

彼はこちらの名前もわからないまま受話器を取った。

「親分、ちょっと電話をかけろと言われまして」

電話を替わった古川さんは、慣れたものだった。

「アニキ、俺や。いま、俺の大事な専務から言われてきたんやけど、話はようわからんのやけど、東急の副支社長を帰せとアニキから言うてくれるか」

再び電話を組員に返した。会長がなにか電話の向こうで言っていた。

「ハイ、ハイ、わかりました！」

「オジキ、すみませんでした。おかえしします」

S会の連中は、みんなクモの子を散らすように帰ってしまった。

滝口オバハンはキツネにつままれた様子で、あっけにとられていた。

「オバハン、あんまり無茶するなよ。これ、預かり賃。これで手をひきや」

そう言って用意してきた500万円を2束置いた。滝口は黙り込んでしまった。

古川さんを病院に送り、500万円を渡した。これで終わりのはずだった。

滝口がこの一件で泣き寝入りをしたことによって、全ゼネコンの〝滝口詣で〟がなくなったという。滝口は恐れるに足りない存在となったのだ。

滝口の怨嗟《えんさ》は全て私に向いた。滝口からすれば、怖いのは古川さんであり、私ではない。

古川さんが収監されたのは、そんな時だった。

滝口は古川さんの収監を聞いて、即座に兵庫県警の顔見知りの刑事に都合のいい話をした。この話を聞いた兵庫県警は沸いた。

「えらいことや。大阪府警も手をつけていない許永中と、山口組直参の古川組組長と、東の東急建設と3者で組んで、滝口を脅迫した」

そんな絵を描き、東急建設が暴力団を使って得るべき利益を失わせしめたということで、〈恐喝〉の逮捕状を取った。

古川さんの身柄を兵庫県警に移し、渋谷の東急建設のガサ入れも行った。当然、私のところにも来た。先に記したように、その日私は静岡の川奈でのんびりゴルフをしていた。私の知らないところで指名手配を打たれることになったわけだ。

頭にきた。なにが脅迫だ。3日もすれば事実がはっきりすると踏んでいた。あちらが先に拉致したのだ。9日ほど川奈にいたが、やむなく警察に出向いた。

事件の構図は検察もすぐに解明し、頭を抱えた。これでは勾留すらできない。渋谷警察も激怒した。何の前触れもなしに兵庫県警に、お膝元の渋谷で東急本社をガサ入れされた。

メンツが丸つぶれだ。渋谷は東急の城下町のようなもの。渋谷の警察関係者OBも、東急には大勢いる。

すったもんだの末、私は神戸に出頭することにした。東急建設から泣きが入ったからだ。私が出頭しないと、警察も検察もこの事件の帳場が閉められない。「助けてくれ」と東急から頼み込まれた。

こちらが被害者だということでも、一応10日の勾留はうたれた。地検の担当検事がこう言った。

「1点、貸してくれませんか」

これだけ大騒ぎして、指名手配までかけて、無罪では上がれない。兵庫県警も検察も、処分者を出すことになる。どうか助けて欲しいということだった。

「わかりました。どうすればいいですか」

「相手に暴力団が出てきましたね。だからといって、あなたが暴力団関係者を出すというのもいけないことなんです。暴力行為に対する云々という規定がある。罰金いくらというのがあるけど、許さん、申し訳ありませんが、これで納得してもらえませんか。必ず今度返しますから」

そこまで頭を下げられたら、応じないわけにはいかない。調書を取られ、事件は終わった。この件では東急と古川さんは無罪。私だけが暴力行為等処罰法違反で罰金7万円を払う略式起訴処分となった。

古川さんとは留置所で10日間一緒だった。しかし、1日神戸地検に行っただけで、他に取り調べらしきことは皆無。刑事も私たちには腫れ物に触るような対応だった。

連日、県警本部の上層部がご機嫌を伺いに来る。吉兆からひとり1万円の弁当を10人前持って来させて、私と古川さん、東急建設の人間、そして担当刑事で食べていた。至れり尽くせりで、毎日が宴会のようなものだった。「炭火焼きの焼肉が食いたいな」となれば鶴橋からでも買ってこさせ、みんなで食べた。もちろん支払いは私だったが。

ある時、古川さんが麻雀をしたいと言い出した。

「家を調べる必要あるやろ。ここではできんから現場をちょっと見なあかんということで出して欲しい」

担当者を連れて留置所を出て、昼だったから家の近くの魚料理屋で飯を食べ、夕方まで麻雀をして戻った。振り返ってみれば、兵庫県警ほどいい加減なところはない。

これが1983年の「恐喝事件指名手配」の真相である。

獄中からの伝言

それから半年後のこと。大阪の茨木カントリークラブ。

「古川さんですね。大阪地検です。これが収監状です」

「おうっ、そうか。オイッ！　律子（妻）にな、眼鏡と薬を持ってくるように言うとけ。さぁ、どの車や？　行こうかい！」

古川さんは、従いていた若い衆に大きな声で指示し、クラブハウスの玄関口に横付けされたロールスロイスに目もくれず、胸を張って検察庁の車に乗り込んだという。本人に気付かれないよう、ゴルフ場の進入路入口には大阪府警のパトカーや機動隊のバスが待機していたとのことだった。

その一報は東京の帝国ホテルにあった事務所で聞いた。

「なに！　〝尼〟が持って行かれた？」

古川さんのことを、私は〝尼〟と呼んでいた。尼の組長、尼の親分、それらの省略形の〝尼〟である。私は直ちに大阪へ戻った。

私の内縁関係の女性が経営する北新地のクラブ『A』がある。その店が1～2か月に一度開催するゴルフコンペに、古川さんはよく参加していた。

古川さんは以前から糖尿を患い、肝臓も悪かった。持病により確定していた刑の執行停止を受け、病院に入院している最中であった。本来ならコンペのメンバー表は他人の名前で作成するが、たまたま新入りの従業員が本人の名前を表記してしまった。それを検察の情報収集係が、ある右翼団体の会長から見せてもらったことが発端だった。

「それはそうと会長さん、古川組長はお元気ですか？　あんな立派な親分が元気でいてくれな、山口組もあきませんからね」

「そうですよ。古川の親分みたいな、昔気質の人がおらなあきまへん。この間のゴルフコンペでも会いましてん」

「えっ、ゴルフコンペ？」

「ええ、新地のクラブのコンペですわ。お元気でっせ。今度のコンペもほれ、ここに名前出てまっしゃろ」

「本当ですねぇ。そうですか、元気でなによりですな」

こうしてコンペの情報が報告され、「ゴルフ場へ行く体力があるなら懲役に行ってもらわなければ」となった。当然のことである。そして当日の収監劇となった。

「今、ハーフ終わって食事中です。カレーを食べてます。食べ終わって執行しますか？」

「まぁ、逃げることも無いでしょう。この世で最後のゴルフになる身体。ラウンドさせてやりましょう」

「はい、わかりました。そうします」

こうしたやり取りが実際にあったことを、後日関係者から聞いた。

収監された翌日、奥さんの律子姐が私の事務所を訪ねてきた。

「藤田さん、うちのからの伝言持ってきました。

『専務、オレは行くべくして行くんだから、一切余計な気遣いはしないでくれ。オレは頑張って、必ず生きて戻る。専務も身体に気を付けて、頑張ってほしい。ついては、長男をどうか専務の不動産会社で一から勉強させてやって欲しい。長男はオレみたいなヤクザ者にはなってほしくはないので、よろしく頼む。律子が届ける車は専務に乗って欲しい』。

藤田さん、以上の通り、昨日の面会でうちのんから言われましたんや。外にロールス持って来てますから受け取って下さいな」

私はこの伝言を聞いて、涙を見せまいとソファの背もたれに身体を預け、天井を仰いだ。

生きてシャバに戻ることはほとんど不可能な状況下で、私の気持ちに寄り添い、気遣ってくれている。のみならず、つい最近納車されたばかりの新品のロールスロイスまで私に使ってくれという。

生島さんとはタイプは違うが、どちらもここ一番の肚の括り方が尋常ではない。〝漢〟の教科書のような所作である。

「律子姐、よくわかりました。ありがたく車は乗らせてもらいます。ちょっと聞きにくいことですが、西宮の先妻さんには月々の手当てはいくらしてはりました？」

「うちのんは、その辺差別しはらへんから。一律200万や」

「一律言うたら、新しいあの病院の看護婦もでっか？」

「そうやね」

「やっぱり、古川さんは大した親分ですな。あの女性にもそうですか」

「あっはっは、笑てまうやろ。そやけど、あの人らしいわね」

「差し出がましいですけど、今月から私の方で三軒の家の分は見させてもらいますので、お願いします」

「そんなん、うちのが聞いたら、私が怒られますやんか」

「言わしといたらよろしいですやんか。元気で帰ってきはったら、その時笑い話で言いはったらよろしいで。そうしときましょう」

律子姐は黙って下を向いてしまった。強がってみせてはいても、突然の収監でご本人も頭の整理もついていないのであろう。

「律子姐、私に少し考えがありまして、今から東京へ行ってきます。夕方遅くなるかもしれませんが、連絡入れます」

私はロールスロイスを受け取り、空港へと急いだ。


「社長、すいません。急ぎのお願いがあってきました。先日ご紹介頂きました、顧問の原弁護士（仮名）にぜひ力を貸して頂きたいんです」

渋谷の東邦生命の社長室で、太田社長に頭を下げた。原弁護士は最高検察庁の部長を最後に退官後、東邦生命の顧問弁護士をしており、社内には顧問室もあった。古川さんの収監のことは東急建設事件の時に、いきさつから結末まで全てを報告済みだ。

「私の関係先の者がミスをしたために、古川さんがこういうことになってしまったのです。体調が悪いのは事実ですし、このままでは生きて戻ってくることは考えられないのです」

太田社長は、すぐに電話で原先生に頼んで下さった。

「原先生の部屋はわかりますね。忌憚のない話をしていらっしゃい」

「はい、ありがとうございます！　いってきます！」

そうして原先生の部屋を訪ねた。

「今社長さんから電話がありましたよ。その人は現役の親分さんなの？」

「はい、神戸の直参の人です」

「あっそう。それで、何をどうして欲しいということなの？」

「ご本人は腹の据わった人です。泣き言は言わない人です。でも本当に体調が悪いんです。弱いところを見られたくないから堪えているだけです。要は外で受けていた薬と同じものを服用させていただきたいというのと、月に一回、大阪の国立大学病院に受診させて欲しいということなんです」

「なるほど。〝外治療〟というのは、なかなか余程でないと行かせませんからね。薬もそうですしね」

そう言って、原先生はどこかに架電した。

「局長、原です。明日、大阪刑務所に面会に行きたいんですよ。相手は古川真澄という現役の組長さんです。私がお世話になっている保険会社の社長からのご相談があってねぇ。えぇ、そうです。申し訳ないですが、所長にその旨、お願いできませんかな」

電話を終えて、私に言った。

「私の後輩が今たまたまあっちで矯正局長をやっていましてね。すぐ連絡がくるはずです。ちょっと待って下さいね。それで、永中さんとはどういう関係なの？」

私は古川さんとの出会いから、収監に至った経緯を端的に説明した。間もなく電話があり、明日面会できるということで、原先生と一緒に大阪へ行くことになった。

顧問先の社長から直接のお声掛かりとはいえ、本当に有難い対応を頂いた。

翌日、原先生は昼前から面会に行き、穏やかな笑顔を見せながら出てきた時には、夕方の5時を過ぎていた。

「永中さん、お願い事は全部してきました。たまたま同じ大学病院の医者がここに来ていて、薬の問題もクリア出来ました。外治療もご本人さんが事故を起こさない限り、月一回は大学病院の診察を受けられます。もう心配しなくても大丈夫です。面会をしましたら、エライいい男ですね」

「先生、本当にありがとうございます。家族の人たちもこれで一安心です。先生、改めて奥さんを連れて御挨拶に上がります。ありがとうございました」

こうして、突然の体調不良が生じても、万全の態勢を取れる道筋はついたのである。

光陰矢の如し。古川さんも姐さんも、もうこの世にいない。

第六章

京都へ

飲み分けの兄弟

東京に本部を置く日本青年社は、行動右翼として日本一の規模を持つ、政治結社である。この日本青年社の会長で、住吉連合会小林会の会長でもあった小林楠扶さんと近しい関係になったのは、私が25歳の時だった。

縁結びの男は、これも日本一の行動力を持つと言われた政治結社・昭和維新連盟の行動隊長を務めた長谷川正男という男である。

もともと長谷川は、大阪の老舗博徒組織である酒梅組の二次団体に所属していたが、同団体が政治団体を主宰していたことから、民族運動に傾倒した。酒梅組の中興の祖・松山庄次郎三代目の逝去を機に上京し、昭和維新連盟の山本峰章に兄事して、国粋主義者としての活動に専念するようになった。

生来の暴れん坊であるため、社会生活のほとんどを刑務所で過ごすことになったが、いまは海外戦没者の慰霊活動に全力で取り組んでいる。

この長谷川が、同じ右翼団体を主宰する小林会長と親しく、小林会本部長であった福田晴瞭さんと兄弟付き合いをしていた。長谷川はまた、山形県にあったテキ屋組織の奥州山口連合五代目の大場嵩とも10年来の友人であった。

大阪の南区（当時）、日本橋一帯を縄張りとする博徒組織に、南一家という一本独鈷の組があった。山口組との抗争で知られる在日中心の愚連隊組織、明友会はこの南一家の下部組織であった。南一家の二代目が、小林一郎（本名 許万根）という在日であったことからである。この小林さんと東京の小林会長は、渡世上の兄弟分として往来があった。

この南一家の小林さんといるときに、東京から来ていた小林会長、福田本部長などの紹介を受けたのが始まりである。

南一家の小林さんは、柳川組初代組長の柳川次郎、四代目会津小鉄会の高山登久太郎会長と兄弟分だった。高山会長は谷口正雄酒梅組組長、砂子川組の岡田啓三さんと兄弟分の関係だった。そういう経緯で、長谷川が音頭を取る形で大阪と東京の交流が深まり、長谷川、福田、大場、そして私の4人が、小林会長の立ち会いの下、飲み分けの五分兄弟分としての契りを結んだ。私が26歳の時のことだ。以後、長きにわたり密な付き合いがあった。

私には小林会長の舎弟としての盃ではどうかとの話もあったが、それはできないとして、あくまで4人の兄弟分であった。この東京の小林会会長が主宰する日本青年社は、尖閣列島にも灯台を建てたことでも有名になった組織だ。外務省がいたく喜んでいたことを知っている。

そういうこともあったせいか、東京の日本青年社の事務所に寄ると、著名な上場会社のオーナーとすれ違うことが一度ならずあったものだ。

ある時、小林会長が、

「藤田さん、この案内状を読んでみて」

と言って、1枚の書類を私に見せた。自民党の代議士で、党の重鎮でもあった安倍晋太郎先生を囲む勉強会の案内状で、呼びかけ人は福本邦雄なる男性だった。

「この福本邦雄さんというのはどういう人なんですか？」

「私もこの勉強会には参加しているんだが、安倍先生だけでなく、他の有力な代議士のお世話もされている偉い方でな。藤田さんが東京に進出するには、この先生の事務所に出入りするのが一番の近道だと思う。いまから福本先生を紹介するから行かないかい？」

「はい、わかりました。行きましょう」

こうして、後にＫＢＳ京都事件、イトマン事件、石橋産業事件で、世間の注目を集める〝政界最後のフィクサー〟福本邦雄さんとの縁が始まった。

私は以前、東京・丸の内のパレスビルに本社を置くパン・パシフィックという法人を買収したことがある。運輸大臣免許を持ち、ＩＡＴＡ（国際航空運送協会）にも加盟して航空券の発券業務も行えるれっきとした旅行会社である。

同社に価値を認めたのは、「東京都千代田区丸の内一丁目一番地一号」という法人登記上の本店住所だけで、会社には一度しか行かなかった。

そのパレスビルと日比谷通りを挟んだ日比谷国際ビルの北側、東京會舘入口の向かいに福本さんが経営していた「フジ・インターナショナル・アート」のギャラリー兼事務所があった。

その場で、小林会長が福本さんを紹介してくれた。

「先生、大阪の藤田さんという若手の実業家です。先生の主宰する勉強会のメンバーに入れてもらえませんか？」

「小林会長のご紹介なら結構ですよ。あなたはどういう仕事をしているの？」

「いや、まだこれという仕事らしい仕事はしていません」

「あ、そう。なかなかいい面構えをしているね。運動は何を？」

「高校生の時に柔道をかじっていました。喧嘩は少しやります」

「アッハッハッ！　喧嘩は少しね！　面白いことを言うね」

「藤田さんはうちの福田と兄弟分で、これからの人です。先生、よろしくお願いします」

「あ〜、福田君とね。彼はいい男だよ。礼儀正しくてね」

「福田はキチンと育てて、私の跡をやらせたい男です。だから藤田さんと兄弟分になってもらいました」

「あ、そう！　藤田さん、ここは一応ギャラリーなんだが、いろいろな方が相談に来るし、絵を見にも来るんだ。これから東京に来たらいつでも気軽に寄っていらっしゃい」

「ありがとうございます。そうさせてもらいます」

そうした挨拶を兼ねた雑談の後、話が突然変わった。

「小林会長、あなた午年《うま》だったたね。午の絵を何点か用意したんだが、見てみるかね？」

三人で玄関ホールに移動すると、ある作品展が催されており、壁に〝馬〟の絵が3点掛けられていた。

「小林会長、馬の絵が好きなんですか？」

小林さんは特別の反応を示さず、馬の絵を見ていた。そのうちの1点に目が留まっているのを感じたので、私が福本さんに尋ねた。

「先生、この絵はいくらするんですか？」

「うむ、これは良い絵だよ。君は目が高いんだね。小林会長、これはどうかね？」

「いいですね！」

まるで弥次さん喜多さんの漫才である。

「先生、これはいくらするものですか？」

聞けば９００万円であったが、小林会長のお気に入りだから６００万円でいいという。

私は空気を読んだつもりでそれを購入し、小林会長に渡した。

「悪いね、藤田さん」

あっさりしたものだった。

私はこの後、福本さんを介して様々な〝怪人〟たちに遭遇し、時に良縁を築き、時に禍《か》根《こん》を遺すのだが、そのことに触れる前に、福本さんとの関係にも大きな影響を及ぼす「一組の親子」との出会いを綴らなければならない。

義父と英雄

学生時分からの友人に、野村雄作という男がいた。地頭が良く、性格も明るく、上昇志向が旺盛で正義感も強い。人気グループの『ザ・スパイダース』に憧れ、〝坊や〟として関わっていたときに悪しき芸能人の垢に塗れたが、遊び方も上手く、妙に気が合った。

交友を深める私たちを複雑な目で見ていたのが、雄作の父親であり、東邦生命の代理店をしていた東邦産商の会長を務める野村周史《ちかし》さんだった。

野村会長は、出会ったときから肝臓がんが進行しており、医師から余命宣告を受けていた。愛する息子が〝いわくつき〟の私と親交を重ねていることが不安だったのだろう。息子の生活圏から私を排除しようと、密かに警察や税務署を動員し、1年にわたってありとあらゆる〝いやがらせ〟をしてきた。

しかし、私は周囲の雑音など気にもとめない。期待した結果が出ないことを悟った野村会長は、逆に私に近づいてきた。

「どうか息子を頼みます」

切っても切れない関係ならば、いっそ息子の一番の理解者になって欲しい——そんな思いから、野村会長は私に、雄作の〝兄〟になることを望んだ。

以来、私は雄作だけでなく野村会長とも親交を深めていった。のちに野村会長は私と義父子の関係を築くに至った。これにより、私は一時、野村姓を名乗ることになる。

話は前後するが、東急建設事件の項で記した、大恩ある太田清蔵社長を引き合わせていただいたのも、野村会長だった。私が28歳の時だ。大阪ミナミの料亭に呼ばれた私は、そこでひとりの紳士を紹介された。私が挨拶すると、丁寧に正座して返してくれたその人が太田社長だった。初対面の私に親身になって話をしてくれ、

「あなたは日韓のブリッジビルダーになりなさい」

そう声をかけられたことは生涯にわたって忘れることはない。それまでチンピラに毛が生えたような、無茶ばかりしていた私に、夢と生きる指針を示してくれたのだ。在日として生まれたことに意味を見いだすことができるようになった言葉である。

この晩、私は三つ揃いのスーツを着ていたが、上着を脱ぎもせずに正座したままかしこまって太田社長の話を聞いていた。太田社長は私のその態度に感銘を受けたということを後日うかがう機会があった。

じつは真相はやや違った。

当時、私はこれぞ一流とばかりにエルメスに凝っていて、スーツの裏地をすべてエルメスのスカーフで仕立てていた。その頃の写真を見ると、スーツの裏地はさすがに見えないが、ニナリッチだのグッチだの、これでもかという田舎者丸出しの格好である。その時は太田社長のような本物の紳士の前で脱ぐなど、恥ずかしくて出来なかっただけなのである。

ご自宅にも幾度かお邪魔したが、辞去する時はどんなに遅くなっても奥様が起きておられ、礼儀正しく「おつかれさまでした」と玄関で見送ってくださった。長州の軍人の娘だ

そうだ。太田社長は博多一の富豪と言われた太田家の当主。本物の名家の出である。中津の長屋に育った荒くれ者の私を、暖かく見守り続けてくれた。

当時の大阪府知事である岸昌《さかえ》さんを紹介してくださったのも野村会長だった。

当時、大阪には約30の信用組合があった。現在、信用組合の監督官庁は金融庁だが、この時代は都道府県が管理監督を行っていた。

岸府政は、健全な地元金融機関を指導育成するため、30の信用組合をまず10組合に統合することを構想していた。当時の信用組合は大なり小なり問題を抱えたものばかりであったが、とりわけ〝事故〟が起きかねない組合の代表が、大阪市北区天神橋に本店を置く実業信用組合（実信）だった。ここの理事長は大阪府議会議長を務めた後に衆議院議員となり、組合を自らの子息に任せて院政を敷くという歪んだ実態があった。

破綻して刑事事件に発展する可能性を危惧した岸さんは、いよいよ行政指導を断行しようとした。これに対抗して前理事長が取った手段が、懇意にしている篠原（仮名）という男性を理事長に据えるという、中央の政治力を背景にした強引なやり方であった。株式会社の代表の首をすげかえるようなその手法に、大阪府は頭を抱えた。

信組側は、行政指導を柳に風と受け流し、逆に指導のやり方が悪いと中央から知事に圧力をかけるのだから、府としてはたまらない。

一方、組合員の中には、もともと天神橋商店街が闇市だった時代からしのぎを削ってきた剛の者たちもおり、彼らが篠原理事長に退陣を申し入れる場面もあった。

すると篠原は、あろうことか大阪北区の同一地盤を縄張りとしていた旧柳川組初代組長、柳川次郎会長に、反対派の〝抑え〟を依頼したのだ。

「永中さん、チョット事務所に来てくれんか」

野村会長から電話で呼ばれ、北区南天満にあった東邦産商を訪ねた。事務を担当している雄作の姉に挨拶し、奥にある小さな会長室に入った。室内には、先に来た男性ふたりが座っている。

「あ、永中さん、忙しいところをご苦労さん」

「いえいえ、会長が来いというのは珍しいです。なんでしたん？」

「こちらな、大阪府の出納長、ほんでこちらが……誰やったかいな？」

「あっはっは。会長さん、私は商工部の次長やっとります」

「あぁ、そやそや、商工部の次長さんや」

それぞれが名乗って挨拶すると、野村会長が本題に入った。

「永中さんな、天六の実信あるやろ。信用組合の」

「はぁ、ありますな」

「そこがややこしゅうてな。東京から訳のわからんチンピラが乗り込んできてな。知事に尻まくってな、岸さんが頭痛めとってな」

「へぇ、無茶な奴がいてますんやな。そんなん放り出したらよろしいですがな」

「それがな、土曜会かなんかわからん、福田赳夫さんの派閥が後ろにおるらしゅうて、岸さんも自治省（現・総務省）から来てるから頭痛いねんな」

「へぇ、ややこしい奴ですな」

「柳川次郎さんまで担ぎ出してきてな、他の組合員も理事連中もビビってもうてな」

「ええ～、柳川の先代もですかいな！」

私と野村会長のやり取りを黙って聞いていたふたりだったが、商工部次長が口を開いた。

「理事会で解任決議をとろうとしても、みんな怖がってしまい、できないんです」

「そうですか、わかりました。理事会がちゃんと開かれたらいいことですから、私が柳川会長に話をつけます」

「そうかぁ。府の立場として正式なお願いはできかねる話やけど、私からの頼みとして、永中さん、やってくれるか？」

「会長、そんな難しい話せんでもいいです。私は今日、この場所で会長とふたりで会うただけですから。いまから先代に会うてきます」

名刺交換もしていないふたりに目礼だけして、私は事務所を後にした。

柳川次郎、本名・梁元錫《ヤン・ウォンソク》会長とは、旧柳川組の組員だった高田信夫さんという在日の先輩から正式に紹介を受けていた。さかのぼれば幼少期にも一度その姿を垣間見ていた。

小学校6年生の時のことだ。当時、父親と親しい大阪報知新聞社の常務が、我が家によく出入りしていた。同社が主催する形で力道山のプロレス興行があった際、社長と常務が力道山を囲む食事会を催し、その席に父も招かれた。子供が参加するような場所ではなかったが、私は野次馬のひとりとして紛れ込んだ。

力道山は圧巻の迫力で、大いに目立っていたが、その何倍ものオーラを放つ、黒いワイシャツ姿の眼光鋭い人物がいた。力道山よりも何倍にも大きく見える。

「おっちゃん、あの人は誰？」

「こらこら、子供の来るとことちがう。あの人が柳川の親分や。向こうへ行っとき」

常務に体よく追い払われたが、その時の第一印象があまりに強烈で、私にとっては力道山よりも柳川会長の方が最も身近なヒーローであった。

その後、大阪北新地の「クラブ大阪」で、高田さんから柳川会長を紹介されたことで、本格的な付き合いが始まった。すでに述べたように、後に飛鳥会事件の主役となる小西邦彦を守り切ったことで、私の名前も北大阪では少しばかり知られていた。金田組の金田三俊さんが認めたことで、旧・柳川組に属した人間は、在日の後輩である私を同世代の不良あがりの〝身内〟と見るようになっていた。当然、柳川の先代も、それを聞き及んでいたのであろう。初対面の時から、懐深く接してくれた。


柳川会長に電話をかけた。

「会長、いまから少し時間もらえませんか」

「なんや急に。なんかあったんか?」

「いや、たいした問題と違います。電話ではできませんので、いまどこですか? すぐに行きますけど」

「そしたら、ホテルプラザのロビーで会おか! 30分後には着ける」

「わかりました。お願いします」

こうして私は東邦産商を出たその足で、大淀のホテルプラザに向かった。

「会長、東京の篠原というの知ってますやろ? あれ、なんで会長が面倒みてますの?」

「篠原な、なんや篠原と揉めてんのか?」

「いや、会うたこともありませんねけど。あれの絡みで会長の名前が出てきたもんやから」

「それ信用組合のジッシン（実信）のことか？　ウーン…それな、東京の偉い先生に頼まれてなぁ」

「エライ先生もなにも、篠原のやっていることは、横紙破りの、土台無茶な話ですやんか。会長の名前にも傷つく話ですよ」

「う〜ん、あんな子供みたいな奴に、なんの義理もないんやけどなぁ」

柳川会長は余計な駆け引きなど一切しない人だ。それだけに本当に困っておられた。

「会長、この件は私も絶対に引けない立場ですねん。義理の父親ができたと言いましたやろ。その線から頼まれたんです。道理はこっちにあります。篠原は東京に戻ってもらわなあきませんねや」

「藤田が篠原と組んで、その組合を一緒にやるというのはアカンのか？」

「会長、それはありがたい話ですけど、この件はきれいに篠原にあがってもらうしかありませんねや」

「よっしゃ、わかった。そこまで言うんやから事情もあんねんやろ。明日朝、一緒に東京へ行こ。オレが一緒に行って、先生に断りを入れるわ」

翌朝、東京へ着いて向かったのは、永田町のキャピトル東急ホテル（現ザ・キャピトルホテル東急）に隣接する、政治家が多数事務所を構えるビルだった。その2階に、柳川会長は私を同道した。

篠原が応接間で待機しており、柳川会長に丁寧に挨拶している。用件の向きは、すでに柳川会長から伝わっているとみえ、私に対する態度がやけに強圧的に感じる。そこに、ネクタイも締めず、髪も整えていない別の男が入って来て、柳川会長に挨拶した。彼は私に向き直り開口一番こう言った。

「あんたなぁ、ちっと無茶ちがうんかいや？」

「すいませんな！　経費はみさせてもらいます」

私は、わざと無愛想に対した。

「そらそうや。実費はみてもらわんとな」

男の口調が徐々に砕けてくる。篠原はなにか言いたそうだが、瞬きを繰り返すだけで、最後まで私とは言葉を交わさなかった。

その時、突然一人の男が急ぎ足で入ってきた。衆院議員の亀井静香だった。

「会長さん、御足労をかけました。私は国会に戻らないかんので、このまま失礼します」

柳川会長に挨拶だけして、急いで部屋を出て行った。

こうしてこの一件は落着し、実業信用組合は大阪府の主導で、大阪信用組合に吸収合併された。

広がる政界人脈

私が福本さんと出会ってから2年ほど、彼の事務所へ行くたびに絵画購入を奨められた。毎回のように、絵画に関する蘊蓄《うんちく》を数時間にわたって披露し、関連の図書を差し出す。不思議なもので、それを経た上で現物を目のあたりにすると、奨められずとも購入意欲が湧いてくる。

私の義弟にあたる野村雄作を福本事務所に秘書として入社させたのは、この頃のことであった。福本さんは、給与を払うという観念を持ち合わせていない。ゆえに雄作は、大阪の私の事務所から出向させる形を取り、東京での諸経費を含めて全て私が負担した。

雄作を東京へ修行に出したのは、野村会長からのたっての願いを受けてのことであった。可愛い息子ではあるが、生来の遊び癖があり、どうにも腰が定まらない。

「あいつを一人前にしてやってくれないか」

そんな願いで雄作を私に託したのだった。

雄作は東京に住まいを移し、福本さんの事務所で、コマネズミの如く懸命に働いた。福本さんにとっては、こんなにも便利で有り難い〝使用人〟はいない。雄作も東京に進出したという気負いもあり、福本さんに懸命に仕えた。

野村会長が上京した際、「息子を頼みます」と福本さんに直接頭を下げたこともあった。この時、野村会長は福本さんと太田社長の会合もセッティングしていた。

だが、雄作は福本さんのプライベートを知るにつけ、その二面性とナルシストぶりに辟易としだすのである。何度か雄作から「辞めたい」という相談を受けたが、私は頭から彼を叱った。

「石の上にも3年と言うやないか！　雄ちゃん、辛抱しい！」

途中でケツを割ることは絶対にならぬと思い込んでいる私には、雄作の切実な悩みに応えてやることができなかった。

決定的な出来事は、福本さんと太田社長の会食の席で起きた。福本さんが雄作絡みのことで感情的になり、口角泡を飛ばして恫喝まがいの激しい言葉を発したという。私はその席にはいなかったが、福本さんが鬼の形相で怒鳴り散らすのを何度か見ていた。これがあの福本さんかと驚いたものだ。

思うに、福本さんのようなキャリアの持ち主は、「自分の住む世界では自分だけが絶対的な存在である」との確信を持って初めて行動できるのだ。しかし、自分にとって埒外だと考える世界、つまりはわれわれ在日、暴力団、被差別団体、右翼団体などの者に共感することはない。

こうして雄作は、福本事務所を辞することになるのだが、福本さんが主宰する勉強会の一つに、政策集団「温知会」を率いる渡辺美智雄先生を囲む会があった。その勉強会の事務局に、渡辺先生の事務所から秘書が来ており、彼が雄作を渡辺先生の秘書にと引き取ってくれた。

渡辺先生の秘書になってから、雄作は先生の靴磨きから始めた。野村会長も大阪に渡辺先生の後援会を作り、太田社長と渡辺先生を引き合わせたりと、雄作の支援に力を入れた。雄作が福本さんと喧嘩別れの形で辞めていたこともあり、しばらく私は出入りを控えていた。

それでも2～3か月に1度は日本青年社の小林会長に誘われ、他の先生の勉強会に顔を出していた。勉強会の会場である料亭に行く前に、必ず福本さんのフジ・インターナショナル・アートに寄った。その際、私に奨める絵画やブロンズが用意されているのは、まるでひとつの決まり事のようであった。私は奨められた美術品を、福本さんの提示価格そのままで、全て引き取っていった。

一流の美術品は手にとって鑑賞する機会を多く持てば持つほど、理屈抜きで、作品に宿った作家の息吹まで感じられるようになる。否応なしに目が肥えるのである。

「先生、これもいいですけど、この作家の裸婦はありませんか？」

「裸婦はなかなか出ないな。どうしてもというなら、以前に納めてある会社に、買い換えを言ってみるから少し時間をくれないか」

こんなやり取りをしながら、同じ作家でも〝良品〟を求めるようになっていく。

東京美術倶楽部で月1回、業者だけの〝商い会〟が開かれる。ある時期から、福本さんは私に仕入れ値を伝えるようになっていた。少し手数料を乗せてるから、という彼の言葉を私は信じて、全て言い値で買い上げて行ったが、それが真っ赤な嘘であったことを後に知ることになる。とんでもない暴利を貪っていた。総額にすれば200億は超えている。

私はただ、食い物にされていた。だが、私自身がその数字を高いものとは思わず、立派な作品をコレクションできる喜びでいっぱいだったのだから、文句は言えまい。


雄作をきっかけにして、渡辺先生とは度々お会いすることになった。先生を通じて、私の政界人脈も広がったものだ。

ある日、太田社長主催の食事会が麴町の老舗料亭であった。渡辺先生は、司法試験に落ち続けてこの度秘書にしたという子息の喜美さんも同道させていた。顔ぶれは太田社長、野村会長、私、雄作、渡辺先生、喜美さんの6名である。

司法試験に落ちたから政治家になる。その程度の志なのか。これが喜美さんの第一印象であった。

最も後味が悪かったのは、在日から帰化して議員となった新井将敬さんを紹介されたときである。渡辺先生が新井さんを太田社長に引き合わせ、太田社長が私に引き合わせた。

83年12月の衆院選を控え、彼が出馬する選挙区が旧東京2区ということで、私からも支援を申し出た。

「新井さん、社長にお世話になっている野村です。大先生の秘書をやっている野村雄作は、私の義弟です」

当時の私は、許、藤田、野村の名を場面によって使い分けていた。

「あぁ、そうですか。新井将敬です、どうかよろしくお願いします」

「新井さん、私の友人の兄貴分が2区から出馬して落ちているんですが、その人が持っているコアな票が5000ほどあります。中央大学レスリング部出身の右翼団体の長をしていた人です。とてもいい先輩です。一度セットしますので会ってみませんか？」

「それはありがたい話です。ぜひとも、よろしくお願いします」

私は続けて言った。

「新井さん、実は私は大阪の在日なんです。あなたの母方の伯父さんの崔さんと父が親しくて、私も崔さんのお兄さんの空心町《くうしんちょう》（大阪市北区）の家に、子供の頃から出入りしてましてね。あなたがお母さんに連れられて空心町の家に来ていたときに、何度も会っているんですよ」

そこまで言った途端、彼は豹変した。

「野村さん、在日の人たちが連日のように私のところへ押しかけてきて、応援するというんですが、本当に迷惑しているんです！　せっかくのお話ですが、私は日本人の新井将敬です。迷惑です！　断らせて頂きます」

突然、態度も言葉も、顔の表情までも変わった新井さんは、私を睨みつけるようにして立ち上がり、挨拶もなしに出て行ってしまった。呆気にとられながらも、在日を頭から否定されたショックで、私の心は深く傷ついた。

太田社長に電話を入れた。

「社長、申し訳ありません。いま新井将敬さんと会いましたが、彼の応援はできなくなりました。こんなに寂しいことはありません」

「どうしたんですか？」

心配する太田社長に、新井将敬さんとのやり取りを、ありのまま報告をした。

「わかりました。そんなことを言う人なら、私も応援できません。渡辺先生に私からはっきり申し上げておきます。ごめんなさいね」

「いえ、社長。なんでもお手伝いしたいんですが、迷惑だと言われてしまったんですから。本当に申し訳ありません」

「気分を悪くするのは当たり前です。気にしないで下さい。また寄って下さいね」

どこまでも優しい、仏さまのような太田社長であった。

京都の怪人

その頃のことだった。ある日、野村会長から電話があった。

「永中さん、大阪に戻るのはいつかな？　戻ったら会ってもらいたい人がおるんでな」

「会長、急ぎですか？　急ぐんなら今日でも戻りますけど」

「そうか、そしたら明日の昼を一緒にしてくれるかな。先方にいまから連絡して、そう決めとくから。頼むわ！」

野村会長から、電話で急ぎの用事とは珍しいことであった。会長は体調が悪いこともあり、何事も余裕を持って進めるのが常だったからだ。

翌日、引き合わされた人間は、ＫＢＳ京都（近畿放送）の社長、内田和隆であった。

「永中さん、こちらは京都の放送会社の社長さんで、内田さん」

当日の朝、野村会長から静かに話のできる食事処をとってくれと連絡があった。会長の体調のこともあり、大阪・ホテルプラザの中華レストラン『翠園』の個室をとった。ここのフカヒレの姿煮は絶品で、肝臓にも良いとのことで野村会長も大好物だった。

入室すると、丁寧に盛りつけされた前菜の盆が手もつけられないままだった。

「初めまして。野村永中です」

「ＫＢＳ京都の内田でございます。ご無理を承知で、藁にもすがる思いで会長様を頼りにきました。何卒よろしくお願い致します」

ものの言い方が、どこか粘っこい。こういう人間は不得手であるが、切迫した空気を感じ、黙って話を聞くことにした。野村会長の顔を見た。

「永中さん、京都いうところはややこしいな。私が聞いてもようわからんから、食事済んだらふたりでよう話をしてくれへんか。古ダヌキや女ギツネや狼やら、まるで動物園や。内田はん、あんたの話は、この年寄りにはようわからんから、彼になんでも正直に言うてみなはれや。私がおったら言いにくいこともあるようやしな」

「わかりました。おっしゃる通りです。こちらは会長の？」

「私の養子でな。雄作の兄貴になってくれと、私が頼んだんや」

「そうですか。ではそうさせて頂きます」

昼食ということもあり、前菜の盛り合わせにフカヒレの姿煮、チャーハンふたり前を3人で分け、杏仁豆腐のデザートを食べた。

「そしたら私は先に失礼するから。永中さん、なんや深刻な話らしいけど、悪い話ではないみたいやし、雄作もテレビ会社に関心ある言うてる。内田はんを助けてやってな」

野村会長はそう言ってお茶も飲まずに先に席を立ち、軽く挨拶をして帰って行かれた。

こうして内田とふたりになった。

「野村会長さん、それでは話を聞いてくれますか」

「私は会長と呼ばれるのは慣れてないし、野村会長というのは、いま帰られた方のことです。私は皆から〝センム〟と呼ばれているので、内田社長も私のことを〝センム〟と呼んでください。なにもセンムの〝センム〟ですから」

唐突な洒落で気が楽になったのか、内田社長はくだけた口調で話を始めた。

彼の言い分を要約すると、次のような話になる。

京都新聞とＫＢＳ京都のオーナー社長であった白石英司氏が亡くなり、妻の白石浩子女史が株式を相続して実弟を新聞社の社長にした。のみならず、放送会社の社長にも実弟を据えようと画策している。しかし、白石女史の実弟は何の経験もない単なるサラリーマン。日刊100万部を発行する地方紙の雄・京都新聞の経営などできるはずがない。

そこに、京都の裏社会のボスを自任する山段芳春なる人物が登場し、あの手この手で白石女史を攻め込んでいる。自分は故白石英司氏の番頭を長らく務めてきたことから、京都新聞グループの暗部を全て把握しており、双方から疎まれている。最近、山段配下の人間が私を排斥すべくつけ狙っており、このままだと自分は殺される――。

概略このような話であった。

「そしたら内田さん、あなたはうちの会長になにを頼んだのですか？」

「まだ具体的にはなにも頼んでいません。私に力を貸してもらえたら、白石浩子姉弟にも山段芳春にも手を引かせて、京都新聞もＫＢＳ京都も野村会長のグループがオーナーになる。大手と組んで健全経営の優良企業として再生できます、と簡単に話をしただけです」

「そしたら内田さんのメリットはなんですか？　力を貸せとは、どんな力を借りたいというのですか？」

「いや、私はＫＢＳ京都の社長として、仕事がこのままできればいいだけです。私を追い出そうとしている白石女史と山段芳春の両者に話をつけてほしいのです」

「内田さん、あんたムチャクチャなことを言いはりますが、山段いう人間はまだしも、白石女史は創業者の親族で大株主でっせ。法的にも実態的にも勝ち目のない話ですがな」

「理屈はそうですが、なんとかＫＢＳ京都だけでも手放してもらう話はできませんか？」

話が徐々にキナ臭くなってきた。要するに、内田は単なるサラリーマンの雇われ社長から、実権のある代表取締役となり、ＫＢＳ京都に君臨したいということである。

「白石浩子さんとは、何の話もしていないんですか？」

「いろいろと手を尽くしましたが、頑として会おうともしないんです。こちらは一応、京都新聞の子会社ですから、私には打つ手がないんです」

「いろいろやりましたと言いはりましたけど、まさかグループの暗部の話を持ち出して、脅しめいたことはしてないですよね？」

「いや、知る人ぞ知る話なんかは、遠慮なく思いっきりやりましたけど……」

彼の言葉を聞いて、この件は一筋縄でいくものではないと悟った。裏切り者は内田和隆の方であり、白石女史からすれば逆臣である。

「内田さん、白石女史のことはいまは何の考えも浮かびません。それはそうと、山段なる人物に殺されるとは、具体的になにかされてるんですか？」

そこまで言うと、内田は居住まいを正して、私を見つめてこう言った。

「センムさん、私を助けて下さい。このままでは私は殺されるんです。お願いです！　山段を消してください！　お願いします！」

喚くようにそう言うや、内田は椅子から立ち上がり、円卓を半周して私の横まで来ると、ガバッと床に正座して土下座をした。額を床につけたまま、頭を上げない。嗚咽《おえつ》しているのか、両肩が震えている。突然の、この芝居がかった所作に私も戸惑いを隠せなかった。

「内田さん、そんなことせんといて下さい。起きて下さい！」

おもむろに内田は顔を上げて、立ち上がった。眼鏡は涙で曇り、鼻水まで垂らしている。元の椅子に座るまで、私は内田の様子を黙って見ていた。芝居がかっているにしても、よほどに追い詰められているのだろう。

「内田さん、山段いうのん、そんなにも怖いんかいな？」

「はい、蛇みたいな奴で、私を狙ってるんです」

そう言って内田はなにかを思い出したのか、また肩を震わせ始めた。

完全に追い詰められた人間特有の症状である。

「内田社長、わかったから、もういい。怖がらんでもいい。一つひとつ片付けていこう。うちの会長からもくれぐれも頼むといわれている。なにか方法を考えてみるから」

「ありがとうございます。なんとか助けて下さい。お願いします」

なりふり構わぬ哀願を受けて、困ってしまった。私自身は、山段に恨み辛みもない。

しかし、野村会長からの話である。

「やるしかない」

このフレーズが頭の中をぐるぐると駆け回っていた。

救いは、山段なる人物の背後に暴力団の影が見え隠れしているという事実である。

「よし、この人間に焦点を絞って、突破口を開いてみよう」

こうして私は、京都を舞台にした出口のない戦場へと突き進んでいくことになった。

単身事務所へ

その頃の私は、誰もが「解決不可能」と言って憚らなかった様々な案件を処理し、在日社会のみならず、大阪でも東京でもそれなりの一定の評価を受けるようになっていた。

太田社長の推薦で、東証一部上場企業である日本レースの再建を手がけ、周囲の協力もあり、曲がりなりにも果たすことができた。

兄弟分である昭和維新連盟の長谷川正男を通じ、児玉誉士夫先生とも接点を持った。若山富三郎、勝新太郎兄弟、鶴田浩二、高倉健、菅原文太など数々のスター連中との交誼。昭和電工会長の鈴木治雄さんはじめ、財界の大立て者との邂逅。そして、個性豊かな政治家たちとの出会いもあった。

「失礼します」

「あの、どちらさんですか？」

「理事長さんは2階ですね。上がらしてもらいます」

京都の中心、河原町御池の裏筋を一本中へ入った閑静な通りに、山段の個人事務所はあった。1階が受付で2階に山段の執務机が置かれている。壁一面にファイルがギッシリ詰まった書棚が並び、その手前に10人はゆったり座れるソファーが、左右に並べられていた。山段は毎朝、通りの向かい筋にある理髪店でヒゲを剃り、髪を整えて9時30分には事務所に入るという日常を、判で押したように続けていることを内田から聞いていた。

1階の受付にいる女性が優秀な秘書で、彼女が山段の全てを仕切っているということも。秘書の〝関所〟で引っ掛かれば、山段に会うことすら難しくなると、しつこいほど聞かされていた。2日間、少し離れた見通しのきく場所に車を停めて、様子をうかがった。9時30分、教えられた通りの恰幅のいい初老の男性が歩いて事務所へ入り、10時を回ると訪問客の出入りが始まる。

内田によれば、9時30分から10時までは山段がひとりでいる確率が高く、来客もない。

急襲するにはこの時間がベストだとのことであった。

9時45分、私はさもアポ入れ済みを装って、確認する暇を与えずに2階に上がっていった。

「お疲れさんで～す！　理事長、大阪の藤田います。チョット時間よろしいか！」

ここでは藤田を名乗り、正面のひとり掛けソファーでお茶を飲みながら新聞を開いていた山段の前に、許しも得ないまま勢いよく腰を下ろした。

「大阪の藤田はん？　誰の紹介やねんな？」

「誰の紹介もおまへん。ＫＢＳ京都の内田のことで話があってきただけですわ」

「内田？　あんな者のことで話なんか何もないで」

「なかったら、ないでよろしいやんか。そやけど、私の話を聞いた方がいいと思いまっせ。理事長さん」

一歩も引かない構えで山段を見つめた。

「藤田はんいうたな？　あんたは何をしている人なんやな？」

山段のこの言葉を聞いたところで流れは決まった。

「ただの土建屋の親方ですわ。理事長の返事如何《いかん》では、このまま手ぶらでは帰りまへん」

「そんな物騒な話、あんた、ワシが誰なんかようわかってないんかいな」

「いや、エライ力のある、怖い人やということはよう知ってますよ」

一気に話が進んだところに、秘書が入ってきた。

「あの……お茶がよろしいか、コーヒーがよろしいか？」

不審な様子を察知して上がってきたのだろう。

「藤田はん、コーヒーかお茶か、どっちがいい？」

内心の動揺を隠すかのように、余裕ぶった口調で私に聞いた。

「コーヒーを頂きます」

秘書に向かって、私は明るく返事をした。

「はい、すぐにお持ちします」

彼女は、はっきりと安堵の表情を浮かべて下へ降りていった。

「藤田はん。アンタ、ワシのことをわかって来たいうけど、チョット無茶と違うか？」

「いや、理事長。無茶は理事長さんですがな。話がつかんかったら、私はこのまま手ぶらでは帰らんだけの話です。簡単な話ですがな」

完全な脅しである。山段は間を置くようにお茶を手に取り、ゆっくりと飲んだ。

「内田からどう話を聞いているか知らんけど、藤田はん、内田とはいつからの関係やな？」

「つい1週間前からですけど、私の大事な方とは何か月前からですな」

「ふ～ん、藤田はんな、内田は平気で人を裏切る奴や。あんたも絶対エライ目にあわされるで」

「理事長、騙されたら騙されたで、その時は内田にケジメをつけるだけのこと。いまの問題とは違います。内田を追い込むのをやめるんですか、やめないんですか？」

一気に核心に迫った。往生際が悪く、山段はまた話を逸らした。

「あんた、会津小鉄の者、誰を知ってるんや？」

「誰も知りまへん。ただ、大津の会長（高山登久太郎）は同じ在日の大先輩ですから、自宅には出入りさせてもろうてます」

「なんや、あんたは朝鮮の人かいな！」

「そうです。私は韓国人です」

「あのな、京都には真島（仮名）いうのんがおってな。大津は真島とは昵懇やで！　トク（登久）！　トク！　やで」

「へえ、そんな呼び捨てにするいうことは、その人も在日の人でっかいな？」

「そうや、真島が上や。真島にかかったら、みんなイチコロやで」

「真島さんかなにか知りまへんけど、大津の会長に面と向かってそんな呼び捨てができる人やったら、私が知らんはずはおまへんけど。まぁ、どちらでもよろしいわ。その真島なんたらというオッサンとええ仲言うんやったら、そのオッサン、ここに呼んでもろてもよろしいで！」

私も少し腹が立ってきたので、そう言葉を叩きつけた。

「違う、違う！　あんたも気が短いな。大津もよう知っているいうだけの話や」

「関係ないんやったら、そんな漫画みたいな話はしなはんな！　理事長、どうしまんねんな。内田の件、やめるんでっか、やめないんでっか」

「あんたがここまで来てるのに、やめるに決まってるがな。ただ内田には気ィつけな、あんたも大ケガするでと注意をしているだけのことやがな！」

それを聞いて、半分気が抜けてしまった。と同時に、少し安堵したのも事実である。やはりこの人間は一筋縄では行かない。

「ありがとうございます。その言葉を聞かしてもろて、私も助かりました。朝からすんまへんでした」

私は両膝に手を乗せて、頭を下げながら、はっきりと礼を言った。

「藤田はん、話は決まったけど、新聞社の役員やテレビの役員などが、今日も昼から相談にくるんのやが。あんた、明日、何時でもいいからチョット来てくれへんかいな！　いままでのこと、ようわかっといてもらわなアカンしな。ひとりで来てくれるか？」

「よろしいですよ。理事長は何時やったらいいんでっか？」

「午後1時でどうや？」

「わかりました。そしたら1時にここへ来ます」

こうして、話はまず緊急性は無くなったが、京都新聞社と子会社であるＫＢＳ京都の内紛に乗じた乗っ取り劇は、ここからが本番だった。悪鬼蠢く伏魔殿に自分が徒手空拳で乗り込むことになろうとは、この時点では思いも寄らぬことであった。

山段ファイル

事務所を後にし、内田社長に電話をかけた。

「怖いことが起きることは１００％ないから、安心して通常通りの仕事をしたらいい」

細かい説明は一切せず、結論だけを伝えたところ、内田は安堵の声をあげていた。

翌日の午後1時、時刻通りに訪れた山段の事務所には、先客がひとり待機していた。

「藤田はん、偶然いま寄ってくれはったんやがな、こちら山科の山本さんや。会津小鉄会のところで頭（若頭）やってる人でな」

「山本です。お見知りおきを」

山本さんは丁寧に立ち上がって、私に挨拶をした。

「大阪北の藤田です」

私も丁寧に挨拶を返した。山本さんは背丈は高くないが、俊敏さが感じられる。なかなかの男前で、浮ついた空気を感じない、目力の強い男であった。

「藤田はんな、山本はんの弟さんは府の議員でな。自民党の府連幹事長をしてはる人でな、竹下はんの派や」

「そうですか。兄さんと弟が180度違う世界で、それは大変ですな」

「いや、アレはアレの世界。オレはオレの世界ですよ」

屈託ない顔で笑ってそう言う山本さんに、私は好印象を持った。

「藤田さんは大阪のどこの人です？」

「いやあ、私は呑み分けの兄弟分はいてますけど、兄弟も親も持ったことはおません」

すると山段が横やりを入れてきた。

「そうらしいな。チョット調べたんや。オレも昔、アメリカのＣＩＡの仕事をしとってな。元は警察でな、いまも後輩が警察にようけおるんや。ほしたら昼前に持ってきよってな。あんた、ボスとこの人間と仲がええらしいやないか」

ボスとは菅谷政雄さんのことである。やはりこの男は一筋縄ではいかない。わずか一日の間に、私の前歴を調べあげていたのだ。

「ええ、ボスには何かと気を遣ってもろてます」

するとと山本さんが合いの手を入れた。

「理事長もボスと仲よろしいんでっしゃろ？」

「いや、ボスと直接会うたことないねん。うちの真鍋がボスにエライ可愛がってもろてな、真鍋から聞いてるんや。ほれに真鍋のコレが歌手のナントカいうたやろ。その歌手もボスに可愛がってもうてるらしんや。俊藤と、ボスは兄弟分やからよけいや。なんやいうても、真鍋は俊藤の実弟やさかいな」

「そうなんですか。真鍋さんは俊藤さんの実弟ですんか？」

「そやで、顔もそう言うたら似てるやろ。そっくりやろ！」

「まぁ、そう言われたらよう似てはりますわな。そうですか……」

話がややこしくなってきた。ボスの登場でムードは良いが、流れとしては宜しくない。山段のペースで進めるわけにはいかない。

「理事長、そしたらなんでっか、今回の話、ボスに入ってもらう方がいいんでっか？　それやったらそれで、私が連絡を取ってボスに来てもらってもよろしいけど」

これを聞き、山段は慌て出した。

「アカン、アカン！　京都に菱形が出張ってくるのはアカンねや！」

「アカンゆうたかて、理事長、あんたがいまオレを調べたいうて、ボスの名前まで出しはったんですがな。私はあくまでもカタギでっせ。理事長は組の人なんでっか？　どうなんでっか？」

「違うがな、藤田はん。オレは仲良うしたいと思うて話を出しただけで、事業に筋の者が絡んだら絶対にアカンがな」

「理事長、あんたがボスの名前出すから、こうなったんでっしゃろ。山本さん、違いまっか？」

山本さんは困惑の表情を浮かべ、返事もできない。山段は逃げに入り、山本さんに向かってこう言った。

「三神は今どこにいてる？」

三神というのは会津小鉄会の幹部で、荒虎千本組という歴史ある組織を率いる三神忠組長のことだ。

「三神の兄弟は東京ですけど、なんですか、理事長？」

「いや、三神の先に外車屋がおってな、ベンツを頼んでるんや」

「それやったら、兄弟に後で理事長とこに電話するよう言うときます。理事長、私は先に失礼しますわ。藤田はん、大阪行ったら連絡とりますわ。一杯やりましょう！」

山本さんはこうして席を立って帰っていった。

山本さんとは、酒も食事も数えるほどしかともにできなかったが、私の大阪の事務所にも出入りするほど親しい関係になった。だが、持った兄貴が悪かった。京都府八幡市の散髪屋襲撃事件で、返り討ちで二人の若い者が殺された挙句、警察官を誤射する事件が起きた。責任者であった山本さんはオヤジの墓前で自ら頭を撃ってケジメをつけた。そんな侠気を持った男であった。

内田に手を出さないとの確約を得た直後の話し合いは、山本さんの退席で仕切り直しとなり、山段とふたりで話を続けた。

「藤田はんな、もともと内田がオレを消してくれいうて、会津小鉄に頼み込んだんや」

「へぇっ、内田社長がそんなことを」

「そうやがな。証拠はみなあるよ。内田の事は徹底的に調べた。あれはホンマに悪い奴やで。白石英司が生きてるときから悪さばっかりしとるわ」

そんな雑談をしながら、山段は突然話を変えた。

「藤田はん、あんた昨日サウナへ行ったやろ。大阪のホテルの地下のサウナ。あんた、そこの常連らしいな。ええ顔や言うてたで」

「そんなことまで調べてますんかいな。昨日の今日でっせ！」

「悪気にとらんといて。大阪府警からも資料取っとるから、あんたのことはみんなわかってるんや。後ろのファイルな、ありとあらゆる警察の内部資料や。検察官は自分とこによっけな職員は抱えられんけど、警察いうんは全国で25万人の大所帯や。捜査能力は桁違いやがな」

「そしたら理事長の力の源は、後ろにズラッと並んでいる〝山段ファイル〟でっかいな」

「終戦後からずっとこの仕事をしてきたんや。大概の事件記録はあるで」

「そやけど理事長、あんたは本当に怖い人ですな。理事長に逆ろうたら助からんいうことですがな」

「そやで、そやから藤田はんも、うちの側についとかなアカンで。反目に回ったらエエことひとつもないで」

言いながら山段は、自分の〝売り込み〟に成功したと判断したのか、余裕の笑みを私に返した。

山段が内田を追い詰めたのは、先に山段を甘く見た内田が、組織暴力団の怖さもわからぬまま会津小鉄会を頼ったことが発端という話は、腑に落ちる気がした。会ってみると、はっきりわかる。山段と内田では役者が違いすぎる。内田は単なるサラリーマン重役。山段は戦後のカオスの中を泳いできた海千山千の剛の者。勝負の前から答えは出ている。

事実、山段は山本さん以外に、私が事務所へ行くたびに様々な裏社会の人間を呼び寄せていた。全員が殺人の前科を持つ者たちだ。私に圧をかけるためであろう。

しかし五度も六度も、そんな偶然が続くわけがない。見え透いた手を使いながら、毎度同じセリフを懸命に続ける姿は、哀れでもあった。

「理事長、みんなが理事長いうから、私も今日から理事長と呼ばしてもらいまっさ」

「あー、そうして。今日からは内輪の一員や。私を敵にするような考えは捨てて、これからは私の言うことを聞いて、協力をしてくれはったら、私もあんたの役に立つような応援をなんでもさせてもらうで！」

「いや、理事長。私を信用してくれて、出入りご免で一人前に扱ってくれるのは大変嬉しおますけど、今回の内田の件は、私の大切な人からの頼まれ事ですねん。この件はこの件として、キチンと内田と私の大切な人とが納得できる答えを出してくれな、私の立場がおません。よろしゅう頼んますわ！」

「そう言うけど、内田はわしを消そうとした奴やで。舐め言うたら、わしの尻の穴でも舐める人間やで。そんなん抱えんとＫＢＳにワシの遠戚がおるんや。すぐにでも挨拶さすさかい、これを社長にしたってくれんかいな？」

「あきまへん、理事長。先々また内田が悪さして自分で墓穴掘ったら、その時はどうぞ好きにしはったらよろしい。けど、今回はその話は呑めまへん。その代わり言うたらなんですけど、理事長には人に言えん悩みがあるように見えますけど。なんでもよろしいで。どうしても困ってはる、どうにもならんこと、私が仕事してあげますわ。ただし、相手が悪い奴の話に限りまっせ」

両手の指を顔の前で組み、下から見上げるように私の話を聞いていた山段は、ウ〜ンと腕を組んで、椅子の背に身体を預けた。背もたれに首をつけ、天井を見つめている。

「わかった、藤田はん。あんたの評判は聞いてるし、約束も絶対守る人らしい。あんたの言う通りにしよう。しかし、内田は絶対問題を起こす男や。その時はアカンで。約束や」

「そんなことがもし起こったら、理事長に手間かけさすようなことはおません。私の方で引導を渡します。エライすんまへんでした。そういうことで線引いといて下さい。ありがとうございました」

山段は一件落着と気持ちの整理がついたからか、顔から険が消え、両手で私の手を強く握り、なかなか離さなかった。

撒かれたビラ

結局、ＫＢＳ京都と京都新聞社は経営的に完全分離し、互いに干渉しない独立した存在となった。ＫＢＳ京都の社長は内田が引き続きつとめ、新聞社は白石女史の実弟がオーナー経営者となった。

ＫＢＳ、京都新聞両社の経営を独立させるという正式取り決めは、京都高台寺にある料亭「土井」の中庭に面した大広間で行われた。

「土井」は、山段理事長が〝はったり〟をかます際の舞台であった。北の政所《まんどころ》と呼ばれた豊臣秀吉の正妻ねねが、秀吉の菩提を弔うために建立した高台寺のすぐ近くにあり、京都では別格の料亭であった。

京都新聞は白石浩子会長、社長、常務という布陣であった。ＫＢＳ京都は内田社長以下、取締役3名、四代目会津小鉄の高山登久太郎会長、山段芳春、私の総勢10名である。

山段理事長は白石女史を追い込むために相当な〝嫌がらせ〟をしたといい、白石女史は山段と内田のふたりの顔は死んでも見たくないと抵抗した。それを京都一の顔役である高山会長の立ち会いがあるなら、との条件で、この席が持たれたのだ。

白石女史のたっての要望で、広島の酒である大吟醸ゴールド賀茂鶴を大量に用意した。ガラスの一合とっくりのような形をした丸瓶の中に、金粉がキラキラと浮かんでいる。女性好みのお洒落な日本酒だった。

白石女史は酒豪だった。高山会長は当時すでに肝臓に病を持っており、酒には口をつける程度だった。山段理事長も酒は弱く、私と彼女が一升酒を酌み交わすことになった。女史は飲むほどに酔うほどに、山段理事長と内田社長、殊に内田に関しては苛烈な苦情や叱責を繰り返していた。言うだけ言ったからか、高山会長と私にだけ丁寧に挨拶をして、上機嫌で帰っていったのを鮮明に覚えている。

以後数年、内田体制ではどうにもならず、また常務となった野村雄作と内田の不仲もあり、山段理事長のお節介もありで、KBS京都はジリ貧となっていった。その頃、芸能プロダクションとして初めて株式公開したホリプロダクションや、日本テレビがKBS京都の経営に関心を示していた。そこで、業績を改善するために、中央VHF局（V局）との提携を視野に入れた再建計画を立てた。だが、私はここで大きな間違いを犯してしまう。

ある日、フジ・インターナショナルアートの事務所でお茶を飲んでいるときに、私が発したひと言が、全ての発端となった。

「先生もここで売れない絵を日がな一日眺めて過ごすより、先生が敬愛する吉井勇さんのように祇園で詩でも詠む仕事をしてみますか？」

福本さんは「いのち短し恋せよ乙女　紅き唇あせぬ間に」という『ゴンドラの唄』などで知られる大正・昭和期の歌人・吉井勇が好きだった。

「なんだ君、祇園に仕事があるのかね？」

「いや、祇園で仕事はないですよ。祇園は静かに美味しい酒を飲むところでしょう。仕事はKBS京都です」

「そこは雄作を行かせているところじゃないか。雄作の後釜なんかに行けないよ」

「雄作は東担当ということで、銀座八丁目の京都新聞ビルの支店に常務のまま移します。先生は社長になって京都で業務を見て、土・日だけ田園調布のご自宅に帰るというのはどうですか？　たまたま、京都御所の裏に建った新築マンションを、京都の家族のために買ってあります。先生、どうですか、興味ないですか？」

「京都にねぇ。そしたら、京都で誰が私を迎えてくれるのかな？」

「京都銀行が地元財界の雄ですし、京都信用金庫にも近しい関係の人で、山段という人物が迎えます」

「そうだな。許永中が迎えるというと、うるさい雀がピィピィ鳴くだろうからね。その山段とやらは何をしている人かね」

このやり取りの数日後、福本さんを連れて京都に行った。山段との会食の場は件の料亭、高台寺の「土井」である。宿は京都ホテルを準備した。

福本さんの腹は最初から読めていた。同じUHF局（U局）でも古都・京都のU局は別格である。地元の名士からの声掛かりがあったからという〝名分〟が欲しかったのだ。

85年、福本さんの盟友の竹下登は田中派から独立して「創政会」を発足、後に竹下派「経世会」を旗揚げした。１９８７年（昭和62年）11月に内閣総理大臣に就任していた。福本さんと京都入りしたのはその少し後、元号が昭和から平成に替わった１９８９年（平成元年）のことである。

山段理事長が京都入りした福本さんを、料亭「土井」で迎えた。

「ここはかつて福田総理が使うてはったところで、私がここの女将と一緒に段取りしましたんや。そやけど福本はん、私とは、昔からここでやっていた福田総理の寄り合いで、お互い顔見知りやったということにしといて下さい」

「はぁ、それはなぜですか？」

「横にいてはる怖い人の紹介いうわけにはいきまへんやろ。京都いうところは口うるさいところでな。悪口言わしたら日本一ですわ。藤田はん、いや、今は野村さんか。この人は有名人ですさかい、福本はんの名前に傷がつかんように、私と古い関係があって、私が福本はんを呼ばしてもろたということにしてもらわんとあきまへんねや」

「はっはっはっ、永中さんが怖い人なんて、そんな失礼な。東京の人は皆、永中さんの大ファンですよ。竹下総理なんて、永中さんの言うことならと全面的に信用しておられるというのに」

「まあ、そうおっしゃらんと。それは私も同じですけど、福本はんは私の先ということにしておいて下さい。お願いします」

山段理事長は、いうならばハッタリと能書きだけの人だ。自分を大きく見せるために東京の著名人、それも総理経験者の竹下登とも親しい福本さんが、古くからの知己であるというストーリーが必要なのであった。

「先生、山段理事長がその方がやり易いというんですから、そうしておきましょう。私はそれでいいですから」

「あなたがそう言うのなら、そうしておきますか。ところで山段さん、ＫＢＳ京都は赤字でしょうから、私の報酬はご遠慮します。代わりといっては何ですが、山段さんのご配慮で、お親しいと聞いている京都銀行と京都信用金庫の顧問につけて下さい。どうですか？」

「京都銀行はこの場では返事できませんが、京都信用金庫と、うちのキョート・ファイナンスの顧問はお願いします。報酬は京信と相談してきちんとさせてもらいます」

こうして福本さんのKBS京都の代表取締役就任は決まった。山段理事長は上機嫌で女将を呼び、福本さんとの関係を繰り返し説明して印象づけていた。女将は事情もよくわからないまま相槌を打っていた。これが京都スタイルかと、感心する思いで私は見ていた。

翌日の昼、帰京して福本さんの事務所を訪ねた。

「昨日さっそく、竹下に報告してきたよ。あなたのことをえらく誉めてたよ」

「恥ずかしい限りです。それより大先生の体調はどうですか？」

「竹下は元気だよ。それより昨日、竹下から頼まれたことがあるんだよ」

「はい、大先生からなにを？」

その内容とは、竹下登の娘婿である内藤武宣のポストを、同じくKBS京都で作って欲しいということであった。

「大先生がそうおっしゃるんだったらいいですよ。受けさせてもらいます。山段理事長にも言いますが、常務ではどうですか？　仕事はないですけど、労務担当ぐらいでボチボチ始めてもらって、先生の補佐役ということでいいじゃないですか」

「そうやってくれますか。竹下が喜びます。いやぁ、肩の荷が下りたよ。あなたに断られたらどうしようかと心配していたんだ。ありがとう、ありがとう」

おそらく前日に持ち掛けられた話ではない。私からＫＢＳ京都の案件を振られた後、大先生に安請け合いしていたのであろう。

「先生、それでしたら京都に家が２軒要りますね。同じ建物でいいですか？」

「勘弁してくれよ。京都にまで行って気を遣うのは堪らんよ。私は北野天満宮の方にある新築マンションにしてくれないか。あそこは昔から住んでみたかったところなんだ」

「わかりました。内藤さんは家族連れですか？」

「いや、彼も単身で行くらしい。私もそうだし」

「へぇ、皆さん〝山の神〟から逃げたいみたいですね」

そう私が軽口を言うと、福本さんはバツの悪そうな苦笑いをして、トイレに立った。京都行きがよほど楽しみなのだろう。

それから後の京都でのこと。福本社長と内藤常務はふたりして夜毎、祇園の老舗お茶屋さんである「富美代」に繰り出し、優雅な京都生活を堪能されていた。

そのおふたりが、決定的な下手を打ってくれた。ふたりの祇園での〝遊行〟がビラに書かれ、ＫＢＳ京都の社屋で撒かれた。日本一の労働組合と言われた民放労連と対立し、その組合員との話し合いの席で、福本がこう叫んだのだ。

「君たちはここにいる常務を誰だと思っているんだ！　内藤に逆らうことは竹下に逆らうこと。竹下に逆らうことは、日本国に逆らうことだ。君たちはわかっているのか！」

かように子供じみた前時代的な発言するとは、誰が予想できただろうか。これには私はもちろん、山段も参ってしまった。結果、御二人には東京へお引き取りを願うことになったのだが、ＫＢＳ京都はこの一件が引き金となり、組合経営に移行してしまう。１９９１年（平成3年）6月のことだった。

京都銀行の株

80年代後半は、様々な事案がパラレルに進行していた。

ある日、福本さんが私に尋ねた。

「センム、あなたはアイチという金融会社の森下安道という人物は知ってるの？」

「ええ、ゴルフ仲間です。仕事も少ししてますけど、森下さんがどうしたんですか？」

「いや、彼が印象派の絵をたくさんコレクションしているらしいんだが、あまり良い話が聞こえなくて。よくわからないんだな」

「あの人はコレクターではないんですよ。どこまでいっても、金貸しの発想で、絵は商品でしかないですからね」

「どういうことかね。それは？」

「先生とは少し違いますが、担保流れになった絵を、手形割引にきた大口の客に抱き合わせで高値で買わせるんですよ。その代わり、割引き利息は少し下げてね。

証券担保でも掛け目（担保などに対し、時価よりも低く評価する比率）を優遇してくれたら、何億かの隙間はすぐできますから、借りている方も、森下さんの言い値でその場で絵画を現金で引き取ります。まあ、荒っぽいといえば荒っぽいですけど。品物は小品ばかりですけど、本物ですしね。私も何点か買いましたよ」

「なぜ、小品ばかりなんだね？」

「私の想像ですが、本当に良いものは自分の所有で残しているんでしょう。貸した金の2倍、3倍で売りますから、2点売れば1点は原価ゼロですわ。本人も勉強して目も肥えますから、良いものだけを原価ゼロでキープして、自室や事務所に飾っています。それに大作はなかなか処分しにくいですし、税金の問題もあります。

とにかく森下さんという人は、日本一の金貸しだと思いますよ。私なんかとは世界が違いますよ。あそこまで徹底しているのを見ると、尊敬心すら湧きますね。ただ、可哀想な人であることは間違いないです」

「なぜだね？」

「可哀想、ではないですね。〝気の毒〟という言葉が近いです。私もあの人と深くなりすぎたのか、私生活を知ると、なぜここまで金に執着するのかと、暗い気持ちになったことが1回や2回じゃないんですよ」

「街金の帝王」と呼ばれた森下さんとは、仕手集団であるコスモポリタンの池田保次によって、それまでの通り一遍な関係から、抜き差しならぬ関係へと深入りした。池田だけでなく地産の竹井博友、東京相和銀行の長田庄一など、日本中にその名を轟かせた大物仕手筋全員が関与した地方銀行の株式買い占め、とりわけ地銀の雄とされた京都銀行の株式事件へと繋がっていくのであった。


森下さんが興したアイチは、手形割引を専門とする分野では日本一の金融会社を自任する大手であったが、別途、仕手筋への資金の「卸元」でもあった。そのため新宿区四谷三丁目にある本社ビル7階の社長室には、数多の有名人が出入りしていた。

株式証券を担保として融資するのだが、必ず金額分の先日付《さきひづけ》手形を手形割引の建前を取り、手形を別途徴収していた。貸金の原資を調達するのに、金融機関から概ね3倍近い与信を得ることになる。こうした手堅い商法のアイチに対して、地銀や相互銀行、信用金庫、信用組合などが利ザヤ稼ぎのため、許容範囲を超えてまで融資をしていた。そこで森下さんは、より安定した原資調達のために、優良地方銀行の株式を計1億株持つことを考えた。東洋経済新報社が発行する『会社四季報』には、上位10社（者）の大株主が列記される。公的金融機関の間には、いわゆる街金がその10社に記載されることを敬遠する風潮が強かった。一般の上場企業でも同じであろうが、やはり金融機関、それも地銀は特に頭を痛めるのである。

森下さんは株を握ると、地銀の総務担当役員が挨拶に来るのを待ち、持ち株を10位以下に減らすかわりに、融資枠の大幅な拡大を約束させていた。そこに竹井博友や、長田庄一が便乗し、ほかにも光進の小谷光浩や投資ジャーナルの中江滋樹など、魑魅魍魎《ちみもうりょう》が入り乱れていた。

株の世界で、私は仕手筋のひとりにカウントされたこともあったが、〝訳あり〟の銘柄しか関与したことがない。なかでも京都銀行株については、異常な関わり方をすることになった。

発端は京都銀行の大株主に突如、アイチが登場したことであった。名義換えをした株券は1000万株ほどだったが、便乗連合軍がほぼ同数を買い集めていた。88年7月のことである。

「野村はん、こちらは京都銀行の専務で、塩見さんというねん。私の遠縁にあたる男でな、話を聞いてやってくれへんかいな」

「塩見です」

山段がキョート・ファイナンスの理事長室で私に紹介したのは、大柄だが、とても気の弱そうな男だった。名前を言うだけで声が上ずっている。名刺を出す手もかすかに震えていた。うっすら汗もかいている。

その塩見さんが言う。

「実はアイチのことで相談に乗ってもらえないかと思いまして、理事長にお願いしました」

山段が引き取るように言った。

「そうなんや。京銀（京都銀行）はうちの自治経済協議会のメンバーでな」

「そうですか。それでその自治経済ナンタラは何の会ですのん？」

「それはやな、京銀や京信（京都信用金庫）だけでなく、元東京地検特捜部の吉永祐介先生なんかも入っている親睦団体やがな」

「そしたらワコールや京セラや宝酒造も入ってますんかいな？」

「いや、うちはそんな大きいとこは入ってへん。中小企業ばっかりやわ」

「それやったら、理事長のお客さんばっかりの、言うたら理事長の周りだけで作ったもんですな。ようわからんけど、それはもう聞かんようにしますわ。それで塩見さん、私にどないして欲しいと言うんですか？」

塩見さんが、おずおずと話し出した。

「アイチさんがうちの株を持ちはったのはよろしいけど、もうこれ以上は持ちはらんようにして欲しいんですわ」

要領を得ないまま、話を聞いた。

彼の話によると、本件の対策部隊として動いている京銀八重洲支店では一般の業務がほとんどなく、外国為替を主体としている。取引といっても京都の人間相手の小さな枠で、アイチを相手に株を取り返す体力などない。そこで何とかアイチが購入した京銀の株を、同じ金額で山段のキョート・ファイナンスへ売ってもらえるようにして欲しい、とのことだった。

まるで虫のいい話だ。私は山段理事長に向いて言った。

「理事長、これは理事長が解決せなあかん話ですわ。アイチの森下さんと理事長が直接会って、ナンボで引き取るのか、直談判するしかないですよ」

「そうやな。どうしたらいいかいな」

「森下さんの目的はひとつです。理事長のとこで、安い利息の金をいくら回してやれるかですわな」

「そやけど、うちの金は調達コスト高いし、うちの分も乗せなあかん。アイチはそれでもいいんかいな？」

「理事長がそこでまだ〝サヤ抜く〟いうんはあきませんやろ。そんなん、森下さんだって勝手して！　となりますで」

「それやったら、森下はんという人と直接会わしてくれるかな」

このような落語にもならないようなやり取りから、行きがかり上、森下さんに京都に来てもらい、山段理事長の部屋で会ってもらった。充分に想定したことだったが、ものの5分もせず、森下さんは「他に用事がありますので」と帰ってしまった。

大人と子供ほどの差がある金融会社ツートップの対面である。山段も自分の力量を自覚したのか、なんら具体的な話に入る前に、自らサジを投げた格好であった。

「野村はん、困ったな。ワシではどうにもならんわな。悪うおました。下の部屋で塩見が待っとるけど、今日はもう引き取ってええな」

「よろしいで。私も大阪で待たしてる人もおるし、これで失礼しますわ」

翌日、山段理事長から連絡があった。京都銀行の頭取と副頭取が会食の席を用意するので、ぜひ会いたいとの話であった。

絶品の甘鯛

3日後、京都銀行御用達という京都会席料理の店「なかむら」での会食に臨んだ。

「なかむら」は目立たない静かな通りに面して、ひっそりと佇んでいた。打ち水をした小さな石段を踏んで上がると、これもこぢんまりとした玄関口があった。

「おいでやす！」

「京都銀行の……」

と告げる間もなく、

「あ、はい、ご案内します。どうぞ」

銀行名というだけで通じるのだろう。2階へと案内された。

「お客さまがおいではりました」

入口は狭いが奥に長い京都独特の日本家屋を、中で2軒か3軒分建て増しているのか、案内された部屋は結構な広さがあった。12畳ほどの和室で、4人が膝を崩して談笑している。全員がいったん立ち上がって私を迎えた。

山段理事長が中心であったが、塩見さんがふたりを紹介した。

「野村会長さん、こちらがうちの頭取の井上です」

見るからにバンカー然とした男が挨拶した。

「本日はわざわざお越し頂きまして恐縮です。どうぞよろしくお願い致します」

地銀の雄と言われる京都銀行の頭取が、実に畏《かしこ》まった態度だ。

「野村です」

丁重に挨拶を返し、名刺を交換する。

「会長さん、こちらは副頭取の秋元です」

「秋元です。本日はありがとうございます」

山段理事長が間に入る。

「あんまり難しい顔せんと、こっちの席で食事しながらにしましょうや。なぁ、野村はん、今日は私の顔立てて来てくれはったんやからな。そうでっしゃろ?」

「そうですよ。なんせ、怖い怖い山段理事長からの話、京都だけやなく、日本中でも断れる人はいませんやろ」

「わしはそんな大物と違いますがな。ただ、チョット他の者ができんことを、わしはできるだけですがな」

頭取の席を上座の中央でなく左端に指定し、中央に副頭取を座らせた。向かいの真ん中に私。奥に山段、私の左隣に彼の秘書が座った。

着座と同時に八寸とお椀が、女将によって運ばれてきた。

「これはうちの名物のひとつです。季節に関係なくお餅が入っております。皆さん、これをとても喜んでおいでやすから。どうぞ」

女将がわざわざ私の前のお椀のふたを取り、箸をすすめた。何とも言えぬ甘い香りが鼻先まで立ち上ってきた。京都ならではの白味噌仕立ての雑煮であった。話があるからか、酒の用意はしていなかった。一同が美味い、美味いと、舌鼓を打ちながら雑煮を平らげたところで、秋元さんが口火を切った。

「野村さん、アイチさんとそのグループで買い集めたうちの株式、調べでは約2000万株近くになっているようです。それ全部、うちの方で引き取ることはできませんので、うちが指定する金融機関で引き取ってもらいたいと思います。野村さんの方でその話をつけて頂けませんか」

山段も言葉を続けた。

「野村はん、こないして頭取も来はって、ワシとアンタに頼んではんねや。悪いようにはせん。いったんアンタの方で話をつけてくれたら、ワシの方で金は用意する。アイチも金貸しや。儲かることやったら乗ってくるやろうけど、うちらがあんな街金屋と取引なんかでけへんがな。頼むわ」

「わかりました。こうして頭取も同席されてのこと。引き受けさせてもらいます。具体的なことは、そしたら窓口はどこになりますか?」

「銀行ではのうて、うちの事務所に電話してやってぇな」

「まぁ、本店に私みたいな者が出入りせんほうがよろしいですわな。森下さんは金に関しては極めてシビアな人です。駆け引きも強い。先方と話をした後で、私の梯子を外すことのないようにだけは頼んでおきますよ」

「それは当たり前のことやがな。なあ、頭取」

「それはお約束させて頂きます。法外な要求でない限り、また表には出ないようにして頂く限りは。私どもの問題を解決して頂くのです。決してご負担のかからぬよう、ご迷惑の及ばぬよう、きちんと対応させて頂くことは、私どもの責任においてお約束いたします。どうかよろしくお願いします」

こうして京都銀行株の引き取り交渉を、いわば白紙委任の形で引き受けることになった。

先約のあった頭取が退席した後、酒が運ばれてきた。店の名物である甘鯛の立派な焼き物に再び舌鼓をうったところで、

「これは食べはらんといて下さい」

と、中居さんが頭と骨についた身を下げてしまった。なんともいえぬ焼き加減、淡泊ながらも独特の甘みを感じるやわらかい白身。絶品であった。まだ食べるところが残っているのに、半ば強制的に下げられてしまったのが解せなかった。私の浮かない表情を察したのか、秋元さんが説明した。

「野村さん、ここはいま下げたグジを使って、よそでは絶対味わえない、絶妙な椀を持ってきはります。ちょっと待ってみて下さい」

副頭取の解説で、中居さんの行動に合点がいった。ここのグジは、若狭から今朝上がった上物だけ特別に仕入れているという。特別に上物の魚は「担ぎの魚」と呼ばれ、交通手段がない時分、若狭から京都まで漁師が担いで持って来たそうだ。

「京都に運んできたら、いいもんやったら、いくらでも引き取ってくれるという伝統がありましてな。そんな店が何軒かあります、また、折を見て案内させてもらいます」

「そら、楽しみですな」

そんなやり取りをしているうちに、

「おまっとうさんどす」

と、話題のお椀が運ばれてきた。改めて火を通したのであろう。絶妙な焦がし具合で、魚の生臭さが一切ない。にごりのない香《かぐわ》しい汁物で、期待を超えた絶品であった。

「ほんとうですなぁ。こら他所では頂けんでしょうな」

「野村はん、ここは京都銀行の御用達やけど、これからはいつでも野村はんが使いはったらよろしい。わしもここが気に入って、大事な客は大概ここやで。人数が多い時だけ『土井』を使うんや」

「そうですか。ぜひそうさせてもらいます」

京都の「なかむら」は機会があれば、死ぬまでにもう一度訪れてみたい店だ。白味噌仕立ての雑煮、若狭のグジの焼き物。最後の晩餐にしたいと願うメニューの一つである。

堤清二の本質

「永中さん、こちらは西武百貨店の社長で山崎君だ」

「山崎光雄です。関西店がえらくお世話になってるようで、ありがとうございます」

「いえいえ、お世話になっているのは私の方です。特に、つかしん店の皆さんには、なにからなにまでお世話になっています」

「よく報告を受けて承知しております。これからもなんでも言いつけてやって下さい」

京都銀行の株引き取りに奮闘する日々の中、フジ・インターナショナル・アートの事務所で福本さんから紹介を受けたのが、西武百貨店の社長を務める山崎さんだった。百貨店の代表者という雰囲気は感じさせない、中小企業の叩き上げ親方風の苦労人を思わせる、地味な暗い印象の人であった。

「永中さん、この山崎君はね、私みたいな物書きになりたかったんだって。それが、堤清二と出会って商人業に専念したのが間違いだったと言うんだよ。アッハッハッ！」

「いや、先生、間違いとは言ってませんよ。これからでも間に合いますよ」

「ところで永中さん、堤と僕とは学生時代からの仲間でね。読売の渡邉恒雄も、日本テレビの氏家齊一郎《うじいえせいいちろう》もみんなそうなんだ」

「それで、この山崎社長とどんな関係があるんですか？」

「山崎君は、どうも君に遠慮があるみたいでね。私が代弁すると、堤清二がどうしても京都銀行の主になりたいと言うんだ」

「銀行の頭取にですか？」

「いや、銀行の経営者にはなりたくないらしい。本人は文学者気取りだから、金貸しを卑下していてな。まぁ、君臨すれども統治せず。大株主になって、オーナーとしての立場になりたいということだよ」

福本さんの話が続く。

「世間では清二のことを好き勝手に言うが、彼は純粋な文学者なんだ。正直、事業家には向いていないんだ」

「京都銀行のオーナーになれたら、百貨店などの現場から手を引いて、物書きに専念するということですか？」

「まぁそういうことかな。メインバンクからゴチャゴチャ言われるのがたまらんのだろう。やはり銀行なんてのは､預金者に対する説明もあって担保を要求するんだ。それも国土(国土計画株式会社）の保証をな。まぁ、そういうことだから、なんとか山崎君の話を聞いて、力になってやってくれんかね」

「わかりました。さっそく京都銀行のトップに話をします。天下の堤さんがオーナーになるのをイヤがることはないと思います」

こうして、山崎社長を窓口にして、京都銀行株式の大株主に堤さんを立てるという話を引き受けた。

話はトントン拍子に進んだ。京都銀行にしても、堤さんが筆頭株主になりながら経営には参画しないというのだから、これほどにありがたい話はなかった。

ことを円滑に進めるため、京都銀行の頭取以下幹部が上京し、西武の池袋本社に〝お願い〟する形を取ってもらった。人一倍プライドの高い堤さんに敬意を表する意味でのセレモニーである。

具体的な取引形態は、私と山崎社長が、福本さんの事務所で取り決めた。アイチの森下さんには、グループの保有する株式を全て森下さんのところに集約してもらい、取引当日、帝国ホテルの準備する部屋に持参してもらうこととした。1株あたりの取引単価は、当日の市場価格とする。保有株は2500万株。概ね2100円前後で推移していたので、総額約540億円になる。

「会長さん、跡が残らないよう日銀チェックにしてくれませんか」

その手筈を教えると、また連絡がある。

「会長さん、日銀チェックでもどうしても跡が残るらしく、誠に申し訳ないですが、現金を用意しますので、運び込む部屋をそちらで用意して頂けませんか」

緊迫した表情の山崎社長が、私に2度ほど変更を頼んできた。

別に株券が散らばっているわけではなく、森下さんひとりに話をすればすむことだが、さすがにこの額の現金の運搬には頭を抱えてしまった。

運び込む方も大変だが、受け取る方も多大な労力を伴うことになる。1億円のブロックが540個だ。現金輸送車やガードマンの確保。部屋から駐車場までの動線チェック。あまりにも煩雑で、リスクも大きい作業である。なんとか森下さんの了解も得て、私がせねばならぬ用意も整えた。

事件は受け渡しの当日に起きた。

一方的な通告は福本さんからもたらされた。

「永中さん、堤が、今回の話はなかったことにしてくれと言ってきた！」

「なんですって！　まさかそんな無茶な話！」

「山崎君が来て、泣くようにそう言うんだ！」

「いや、そういう問題やないでしょう。こんなこと認められるわけがない」

「山崎君もそれは充分わかっている。本人も会社を辞めるとまで言っているんだ」

「先生、森下さんが嫌がるなか、半分脅して決めた話です。ご本人も300億円以上も金を出して、株を全て集めて待機しているのですよ！」

「そうだろうな。いくらこんなご時世でも、2500万株以上。どうしたもんだろうか」

「先生、私は『言ったことは必ず実行する。した約束も必ず守る』という信用だけで、ここまで来ている男です。こんな話、どう納得できるというのですか！　先生、山崎社長はなぜここにいないんですか？　人を馬鹿にしてるんじゃないですか？　京都銀行に対しても、森下さんに対してもどう説明できるんですか！」

福本さんは腕を組んだまま、何も言わず、ただ私を見ている。

「先生、私は今から池袋へ乗り込みます。話次第では自爆してでも黒白つけてきます」

「そんなことはしちゃいかんよ！」

「いかんと言ったって、先生！」

「僕だって、堤の野郎と、腸が煮えくりかえっているんだ。彼は学生時代から、こういうことを平気でやるんだよ。彼は屈折しているところがあるんだ。加えて選民意識も強い」

ここまでのやりとりで、福本さんと話をしてもらちが明かないことが分かった。困った顔はしているが、どこか他人事だと思っている節さえ感じられる。

「先生、本当のところを教えて下さい。山崎社長から何か聞いているでしょう。なぜ、こんなことになったのか、はっきり言って下さい」

私のただならぬ気配に、隠しようがないと思ったのか、福本さんは苦々しい表情を浮かべながら、観念したように口を開いた。

「本当に貴方には言いにくいことなんだが、原因は貴方なんだ」

「私ですか？」

「いや、貴方そのものがということじゃないんだが、貴方のことなんだ」

悲嘆と怒りに震えるなかで、どこか既視感もあった。東京へ出てきて以降、一度ならずこのような感情を覚えたものだ。要所要所で、私の出自やこれまでの生き方が壁となって立ちはだかる。しかし、自分の生まれやこれまでの人生を否定することは、私自身を否定することになる。それだけは絶対にできなかった。

「そういうことで、この取引が絶対にダメだとなったらしい。山崎君は必死になって説得に努めたし、貴方の関係も言ったんだが、山崎君の忠告を聞こうともしなかったようなんだ」

「……先生、よくわかりました。京都銀行にも、森下さんにも、私がいって頭を下げてきます。森下さんが問題ですが、彼は自身が損さえしなければ納得する人です。損をさせないように話をすれば、絶対受けてくれます。今から、まずアイチへ向かいます。終わったら、そのまま京都へ飛びます」

こうして、私は日比谷から四谷三丁目のアイチ本社ビルへ車を走らせた。途中、山段理事長に電話をして、京都銀行の塩見さんだけにでも会えるよう段取りをつけてもらった。

森下社長と対面し、結論だけを伝えた。

「社長、堤さんとの取引がのっぴきならぬ理由から中止になりました。話し合いの余地のない中止です。何も言わんと了解して下さい」

「野村さん、そんな無茶な話あんまりですよ。私の方から損害賠償を請求しますから、野村さんは黙って見ていて下さいよ」

「社長、どうか何も言わんと了解して下さい。損害補償を請求するということは、私を相手に裁判を起こすということですか？」

「野村さん相手じゃない。京都銀行と堤さんですよ」

「私が持ってきた話で、私を飛び越えて裁判を起こすというのは、私に喧嘩売るのと同じじゃないですか。社長、私に喧嘩売るんですか？」

「そんな、野村さんも被害者なのに、なぜ私がそんなことできるんですか」

「では今回の件、黙ってなかったことにして下さい。その代わり、社長が集めてくれた全株式、今回の株価で、私が全部引き取ります。ただし、その金はこっちで用意できるまで、全額、私に株担保で貸して下さい。利息は、社長が私に今まで出してくれたときの年20％で頼みます。掛け目に足らない分は、私の預けている不動産や株券を共同担保にしてもらってけっこうです。十分に掛け目は得金できまっしゃろ！」

ここまでまくしたてると、森下の目の色が変わった。やはり損失が出ないとわかれば、矛を収める男である。

「そこまでしてくれるなら、私は何も言うことはないです。やりましょう」

「すいませんな。今から京都へ行って、善後策を相談してきますよって、ここの手続きは明日、戻ってきてからやりますから、書類を準備しといて下さい。それでよろしいな」

「けっこうですよ。それにしても、堤さんというのは、話は聞いてましたけど、変わった人ですね」

「本当ですな。まあ仕方ありません。これも勉強やと思って、楽しく苦労してみますわ」

そう言って笑い、アイチの社長室を後にした。

京都銀行にとっても、切実な問題である。予期せぬ出来事に担当の塩見さんは狼狽するばかりで言葉も出ない。山段理事長はえらい剣幕で、堤さんのアキレス腱を知っているやら、許せないやらと息巻くが、現実にはなにもできないことを私は知っている。

翌朝一番に頭取と面会できるよう求め、早々に大阪に戻った。

翌日、京都銀行での頭取らと話し合いの席を持った。

「申し訳ありませんが、野村さん。必ず私どもの方で安定株主を探します。ご迷惑でしょうが、肩代わりした株式をそれまで散逸しないよう、何卒よろしくお願いします」

「わかりました。そこまで言われるのでしたら、及ばずながら、世間でも音のしないよう責任を持ってやってみせましょう。くどいようですが、絶対に梯子は外さないで下さい」

「私も組織を背負う者です。こうして副頭取も同席です。私に万が一のことがあっても、彼が引き継ぎます。信用して下さい」

「失礼しました。でしたら何も言うことはありません。後のことは、ここにおられる塩見さん山段さんと相談して進めます。いいですね」

「結構です。よろしくお願いいたします」

行きがかり上とはいえ、私は京都銀行の約２４００万株を抱えることになり、安定株主探しに翻弄されることになった。

交わさなかった書面

この京都銀行株の処理について、京滋地区の有力企業がいくつも候補に挙がり、名乗り出てもきたのだが、最後まで残った京都を代表する有名企業については京都銀行側が難色を示し、ご破算となった。

結局、この件を完全解決するのに、堤さんのドタキャン劇から2年近くを要することになった。その間、アイチに毎月払った利息だけでも単純計算で約9億円である。株価が下がればアイチにその分に対応する追い証（追加保証金）を入れなければならない。借りたお金の約2割分の担保を別途差し入れしてたが、これも私が訳ありで大量保有していた日本レース株と新井組株だった。これらの株価が下がっても、追い証が必要なのは同じである。

株価の下落を防ぐため、解決の日まで少しずつでも買い続けねばならず、売りが出れば買う、という作業を繰り返した。それらの繁雑な作業は、東京に別途用意された事務所で、保険会社から〝出向〟の形で応援に来てくれた者たちが担当してくれた。

株の買い増しを続けたことが、幸いした点もあった。買い増した株をアイチに預けると、普通はその株の時価の8割までしかお金を借りられない。しかし、元の2400万株の京都銀行株については、借りた購入資金の利息を払い、株そのものは私の所有になっていた。そのため、実質8割以上の資金を借り入れることができた。株の買い増し資金は、ある時期から100％、アイチから借りられることになった。新井組株や日本レース株も、自己の持ち出し金なしで買い増しが可能になったのである。こうして、私が所有した京都銀行株は、最終的に3000万株近くに膨らんだ。

負担した利息も相当な金額になったが、結果を出すことが全てなので、とにかくゴールに向かって、アイチとは敢えてどんぶり勘定で付き合うほかなかった。アイチからすれば、相手は京都銀行である。いつかは絶対に全株を引き取るであろうことが、目に見えている。端的に言えばノーリスクである。

私の方で買い増した現物はアイチに渡る。その株が少し上がったところで、また売りに出される。それを私がまた買う。そしてアイチに行く。このマンガのような繰り返しで、アイチは利息以外にもどれだけの利を得たであろう。私は迷惑をかけた分の埋め合わせとして、それを黙って容認した。

ある日、秋元副頭取と塩見専務から次のような報告を受けた。

「会長さん、やっとのことで安定株主が決まりそうです。頭取のひとかたならぬ努力で、政府系金融機関3行が中心になって、まとめて頂けることになりました」

「そうですか。本当によかった。いつ引き取ってくれることになりましたか？」

「それが、会長さんには申し訳ない話でして……。引き取りの金額は1株2500円なのですが、その1割高の株価を6か月間、市場で維持してくれとの要請なんですよ」

「1割高といえば2750円ですが、しかも半年間もですか？」

「はい、なんとかお願いします」

「こんな話、表に出たらエライことですな。それにそれを口実にして、せっかく手を挙げてくれた銀行が逃げてしまうかもしれませんよ。その時はどうするんですか？」

「私もよくわからんのですが、直前半年間の平均価格の9割で引き取るという、何か内規のようなものがあるようです」

「う〜ん、私の頭では理解しにくいですが、相手が政府系の銀行ということでもあるし、明日さっそく東京へ相談に行ってきます。福本さんの政界人脈の原点は椎名悦三郎先生の秘書官です。これは政治的に解決しないと、それも静かにやらないと潰されます。悪役は私ひとりで被りますが、絶対に梯子は外さないともう一度確約して下さい」

「それはもちろんのことです。今までもそうですが、これから半年間、その値を維持し続けることがどれだけの作業か、わからん私らと違います。約束します」

「みなさんがそこまでおっしゃる。私ももう言いません。何か情報が入ったらすぐに連絡を取れる態勢だけ、塩見さん、よろしいな。頼みますよ」

「はい、よろしくお願いします！」


ちなみにこの間のやりとりで、私は誰とも一切の書面を交わしていない。頭取、副頭取といえども、所詮はサラリーマンである。状況が変わり、役職が替わると、ことの経緯を何も知らぬ者が担当者として登場する。その結果がどうなるかは言うまでもない。

だが私は、私ごとき者に深い恩情を注いでくれた太田社長の御心に報いるためにも、人様からの頼まれ事では利を得てはならない。そして、信義を守るためにも記録は残さない。

この2点を念頭において、曲がりなりにも生きてきた。口頭の約束が全てであった。

その時、銀行側の代理人弁護士の先生が、わざわざ忠言をしてくれた。

「野村さん、銀行から一筆、取っておいた方がいいと思いますよ」

立場を超えて、私に助言してくれたのである。

「いや、いいです。私から信用しないと、私みたいな者、誰も信用しないでしょう」

棺を蓋いて事定まる――そう先のことではない。

第七章
在日の本懐

大阪国際フェリー

あの日、私は高揚していた。

1986年3月、大阪市北区のホテルプラザで大阪国際フェリー就航記念パーティーを開いた。

派手にやろうと、集めた招待客は1000人あまり。国会議員の亀井静香や鴻池祥肇、中山正暉、大阪府知事の岸昌といった政治家だけでなく、在日の大先輩である柳川次郎会長や会津小鉄会の高山登久太郎会長にも出席してもらった。

当時、私は40歳にもなっていなかったが、パーティーでは大阪国際フェリーの社主として紹介された。こんな若造がフェリー会社のオーナーとして急に出てきたものだから、「謎の青年実業家」と報じられたが、晴れがましくもあった。

大阪と韓国の釜山を結ぶこのフェリーの就航は、格別な思い入れがあった。

私は大阪を在日の首都だと思っている。関西には30万人とも言われる在日が暮らす。とりわけこの大阪で私たちは泥田を這いずり回り、辛酸をなめながらも生きてきた。大阪と釜山を結ぶ国際航路は、在日と本国、韓国を結ぶ架け橋のようなものだ。

その実現のために私は奔走した。

以前から釜山の東亜大学校が医学部や附属病院を設置するために行っていた日本での資金集めに協力したり、この大学の大阪分校を河内長野市に設立しようと動いたりと、日韓の橋渡しをしようとしてきた。東亜大学校は韓国の私学の雄である。

河内長野市内に用地を確保し、市長や議長らと釜山まで視察に行ったが、これを問題視する共産党などが「市長は許永中にたぶらかされた」「癒着だ」と騒ぎだしたために、ご破算となってしまった。

フェリーの就航を実現するにあたっても、ハードルは高かった。酷かったのが、航路の許認可を握る当時の運輸省のお役所仕事ぶりであった。それは、運輸族の大物で、親韓派でもある国会議員の田中龍夫に頼ってどうにか解決した。

それ以上に厄介だったのは同じ在日からの反対だった。潰しにかかってきたといってもいい。

関西の在日きっての有力経済人だった大阪興銀の李熙健理事長らはフェリーの就航にいい顔はしなかった。関西の在日社会を牛耳ってきた李理事長にすれば、私のような身体もごつければ態度もでかくて、先輩に対して卑屈になりもしない若造が急に成り上がってきたのが面白くなかったのではないか。大阪興銀をはじめとする在日の金融機関からの資金調達は一切考えないことにした。

日韓のあいだの定期航路といえば、植民地時代の関釜連絡船がよく知られている。日本の下関と韓国の釜山を結ぶこの航路は、日本の大陸進出の足がかりとなり、日本の敗戦とともに廃止となったが、日韓国交正常化とともに復活の機運が高まり、70年に再び就航された。

この航路の復活に奔走し、運営会社の関釜フェリーの初代社長となったのが、在日の大先輩で、東声会会長だった町井久之さんだ。右翼の児玉誉士夫と親しく、岸信介ら親韓派の政治家と太いパイプを持つ大物として知られた。山口組の田岡一雄三代目と兄弟分でもある。

「大阪国際フェリーは関釜フェリーとバッティングすることになるから、町井さんが怒るんじゃないか」

そう心配する人たちからは、「町井さんの了解を取ってほしい」と言われた。

町井さんは、経営していた東亜相互企業が韓国外換銀行から受けた250億円の融資を返済できずに倒産してしまったこともあり、すでに往年の力を失っていた。それでも在日社会の顔役であることは変わらず、礼を尽くさなくてはならない。

私は東京・六本木にあった町井さんの本拠TSKCC・ターミナルビルを訪ねた。お会いするのはこのときが初めてだった。

「いままでご挨拶もせずに失礼しました。大阪と釜山を結ぶ船を就航させようと思っておりまして、やはりここは会長にはご挨拶させていただかないと。そう思ってきました」

そう申し出た私に、町井さんは至って寛容だった。

「いつかあんたとは会えるんじゃないかと楽しみにしていた。あんたみたいな若いのが出てくることはいいことだ。遠慮なんかしなくていい」

町井さんは人前に出ることはほとんどなく、ひっそりと暮らしていた。町井さんが丹精込めて築いた城だったはずの六本木のビルもすっかり荒れていた。

この訪問をきっかけに、私は町井さんの借金を肩代わりできないかと考えるようになった。元金と利息あわせて400億円分を六本木のビルの土地を担保にして、ある銀行に用意させる算段をつけたが、残念ながらイトマン事件による騒動のためにご破算となってしまった。

町井さんといえば、関釜フェリーの就航だけでない。65年の日韓国交正常化でも水面下で根回しに動いたとされる。日韓関係の改善のために多大な貢献を果たした人物だ。私は町井さんのためにメモリアルホールを作りたいと考えていたが、それも叶わぬままとなっている。

ともあれ、就航のメドは立った。大阪国際フェリーの株の60％を私の傘下にある企業が持ち、30％は韓国の国際フェリー、残る10％は太田清蔵社長の東邦生命にお願いして持ってもらった。

船は日本カーフェリー（後のマリンエキスプレス）から中古のものを購入した。さらに、購入費の倍をかけて改装した。

シャンデリアつきの豪華なホールを備え、煙突には虎のロゴを描いた。前述の通り、虎は私の二人の妻がそれぞれ同じ寅年に男の子を産んだことから、私のシンボルマークとしていた。また、虎は朝鮮半島における守り神という存在でもある。

フェリーの就航にあわせて虎のロゴ入りのテレフォンカードを何万枚も作って配ったり、グッチに特注で作らせた虎のロゴ入りのスカーフを船内で販売したりしていたほど、私の虎への思い入れは強い。

86年3月31日に就航した第一便には、政財界の錚々たる面々に乗船してもらったが、俳優の高倉健さんも乗ってくれた。嬉しかったのは、高倉健さん本人から乗りたいと連絡をいただいたことだ。私自身は、じつは一度も乗らずじまい。運営会社の代表取締役には、のちに防衛大臣などを歴任する久間章生さんになってもらったが、役員に私の名前はない。私の名前は表に出なくともよい。ただ、「日本と韓国のブリッジビルダーになれ」と語りかけてくれた東邦生命の太田社長の言葉に少しでも応えることができたのではないか。そう思うと誇らしくあった。

船名は当初、長女の名前をつけようと考えていた。船には女性の名前をつけるものだと聞いていたからだ。

だが、目前に迫ったソウル五輪にちなんで、「オリンピア88」はどうかとアドバイスされ、時代の流れに乗る大きな意味合いを感じ、それに決めた。就航から3年後には2隻目の船を購入したが、これには「檀皇」とつけた。朝鮮半島の建国神話の主である檀君皇帝からつけたものだ。

オリンピア88の買い取りをめぐっては、一悶着があった。

この船は日本カーフェリーから購入した時点で、就航からすでに18年も経っていた。船の世界では、20年で老朽船とされる。

そのため、船の購入費は30億円で済んだが、シャフトを直すなど大がかりな改装が必要となり、倍の60億円もかけなくてはならなかった。

極めて高い買い物となったわけだが、それでもこの船を買ったのは、私が日本カーフェリー株を買うという条件を相手が飲んだからだった。日本カーフェリーの社長らとは築地の料亭で会い、契約を取り交わした。

日本カーフェリーは、政商と言われた北海道炭礦汽船の萩原吉太郎が興した会社だった。日本国内の各地を結ぶ航路を有していたが、ドル箱の東京・宮崎航路をのぞくと、赤字航路が多く経営が厳しかった。そこに目をつけた。

株を買い取ってこの会社の経営権を握れば、大阪国際フェリーの大阪・釜山間だけでなく、各地の航路を手に入れることができる。

そうなれば、私は一躍、日本近海のフェリー航路の支配権をつかむことになる。さらにその先には、新潟とナホトカや、仁川と大連を結ぶ国際航路にも進出してやろう。そんな構想を胸に抱いていた。

太田社長は常々、「極東はひとつだ」と話していた。モンゴルや中国の砂漠化を懸念され、シベリアのバイカル湖の水を引っ張ってくることで解消できると提唱されるそのスケールに圧倒されながらも、私も太田社長にならって国際航路を足がかりに極東をひとつにする事業へと夢を膨らませていた。

北朝鮮と中国、さらにはロシアとの国境を流れる豆満江《トマンガン》という川があるが、この川は最後に日本海に流れ込むことで、その水は韓国や日本にも達する。このコスモポリタンな川の流域こそが、私たち在外韓国人たちが流浪の果てに見いだす安住の地だと考え、豆満江流域の開発を中心とした経済圏構想を実現したいと夢想していた。

ところが、日本カーフェリーのメインバンクだった長銀（日本長期信用銀行）が私に株を売ることを嫌ったらしい。日本カーフェリーは、私に無断でこれまた急速に名をあげてきたイ・アイ・イ・インターナショナルの高橋治則に株を売ってしまったのだ。

高橋のことは、国会議員の山口敏夫の事務所にお互いよく出入りしていたので知っていたが、慶応大卒でＪＡＬの元社員。しかも、北海道の政商と言われた岩澤靖の娘と結婚していた。いわば、サラブレッドである。仕方がないと言われればそうである。国策会社ともいうべき北炭、そして長銀。その組み立ての中に勢いだけが売りの在日など、アリ以下の存在でしかなかったかもしれない。

しかし、大阪国際フェリーのポスターにあった「浪漫街道」という言葉には、私の夢と希望が詰まっていた。古い時代の朝鮮通信使の辿った道、瀬戸内海という聖徳太子の時代からの表街道を経て、在日の大半の出身地である慶尚南道や済州島の玄関口である釜山、そして玄海。それらの道、経済も、文化も歴史すらも、人間が作るもの。人間がその体を移動させることによって、生まれて育って、うねりとなり伝わっていくもの……。

太田社長の薫陶《くんとう》によって初めて形になってきた私の壮大な想いと計画は、これでぶっつりと途切れてしまった。

頭にきた私は、日本カーフェリーを相手取り契約違反で訴訟を起こした。すると、3、4回ほど裁判の期日を重ねた頃だっただろうか。竹下登さんが私に電話をしてきた。

「円満に和解してやってくれんかのう」

この時代、大蔵、建設省とも田中派以来、竹下登のいわば庭であった。そして高橋の長銀とのハネムーンの後見人は経世会であった。窓口は慶応閥の小沢一郎、中西啓介である。さすがの私も抗える構図ではない。トラブルになるわけにもいかず、引き下がるしかない。5億円で和解することにしたが、無念だった。


結論から言えば、大阪国際フェリーは93年に倒産してしまった。

88年のソウル五輪後に起きた韓国観光ブームに乗り、大阪・釜山航路に加えて神戸・釜山航路を開設したことで、乗客は年間6万人まで伸びたが、貨物の取り扱いが次章で述べるイトマン事件のあおりで激減したからだ。

それでも、オリンピア88号はソウル五輪を控えて聖火を運ぶ名誉に浴すことができた。ギリシアから空路で済州島に運ばれ島内をリレーした聖火や大会関係者を済州島から釜山まで運んだのだ。本国の晴れの舞台であるソウル五輪に貢献できたということは、私にとって特別な感慨がある。

ソウル五輪の前には、大阪の中崎町に所有していたビルの屋上と、阪神高速池田線塚本辺りのビルの屋上の二カ所に、五輪の開催までの残り日数を示す電光掲示板を設置した。韓国と日本の国旗の間に「韓日友好」の言葉を掲げたその看板は、当時、大阪で評判になったものだ。

夜、晩に出張先から伊丹空港に着き、阪神高速で大阪中心部に向かうと、塚本あたりでその看板が目に入ってくる。

「植民地支配や南北分断という過酷な歴史を経て、ついにうちの国も五輪を開催できるまでになったか」

そんな感慨と、「在日であっても、いささかなりとも本国の五輪開催に関わっている」という思いが交錯する。

電光掲示板は自分で設置したものではあったが、これは理屈抜きの感情。出張帰りの疲れも吹き飛び、「よし、明日もがんばろう」という気が湧いてきたものだ。

大阪五輪構想

ソウル江南にあるオリンピック公園は、88年の五輪を記念してつくられたものだ。この公園の一角に、「在日韓國人後援金寄付者名簿」と書かれた石碑が並ぶ場所がある。

ここにはソウル五輪の開催を支援するために寄付した在日の名前がひとりひとり刻まれており、錚々たる在日の経済人と並んで私の名前も石碑に残されている。

寄付といえば、87年に民団大阪の本部会館を建て替えた時にも寄付をさせてもらった。建て替えにかかる11億円をすべて私が出すと言ったのだが、民団側がそれを受け付けなかった。民団のなかで私の影響力が高まることを快く思わない先輩たちもいたのだろう。実際に、許永中が今度は民団を乗っ取りにきた、という噂まで出たほどだった。

結局、1人あたりの寄付の上限は5000万円までということになり、私は父と2人分という形にして1億円を寄付した。どうせ作るのであれば、半端なものではなく会館の上のフロアに映画館を併設してはどうかと提案したのだが、聞き入れられなかった。

民団大阪の本部会館は戦後ずっと中崎町にあった。大阪で在日が多く暮らす街といえば、生野区の猪飼野《いかいの》が知られるが、キタでは中崎町だ。

その中崎町の民団大阪のすぐそばに私は邸宅を構えたが、さらに韓国国際文化センターの建設も目指した。７００坪の土地を確保して韓国から大臣を招いて起工式までやった。このセンターには、韓国をはじめとする東洋の美術品を所蔵する美術館が入るはずだった。そのために１８００点ものコレクションを用意していたほどだ。

それだけではない。建て替えられた民団の本部会館の隣には、生野区にある朝鮮総連の大阪府本部を持って来たいと考えていた。長年の対立を乗り越えて、民団の隣に総連が本部を構える姿を想像し、感慨深い想いにとらわれていた。

ワン・コリア。これが私の揺るがぬ信条である。在日社会もそうあるべきだと考えてきた。本国が南北に分断しているからといって、なぜ在日社会まで分断しなければならないのか。

59年に始まった在日朝鮮人の帰国事業では、９万人を超える在日が北へと帰還した。これを推進する総連と阻止しようとする民団とで激しく対立したが、そもそも帰国事業でこれほどの数の在日が帰還してしまったのは、「地上の楽園」との北の宣伝に乗せられたのはもちろんだが、うっとうしい在日をこの際、北に送り出してしまえという日本政府の思惑もあったためだろう。

対立の火種は私たちが自ら播《ま》いたわけではない。もとより分断は私たちが望んだものではない。

この機会に言わせてもらうと、韓国の在日に対する姿勢にも納得がいかないものがある。60年代や70年代には、本国よりも在日社会の方が裕福だったために、本国に経済支援を重ねてきた経緯がある。そのせいか、韓国には在日からお金をとって当たり前、支援をしてもらって当たり前という感覚がある。

その一方で、在日を蔑む目線も併存する。かつて在日の劇作家、つかこうへいさんが韓国の税関で入国理由を聞かれて、英語で「サイトシーイング（観光）」と答えたところ、「韓国人のくせに祖国の言葉がしゃべれないのか」とパスポートをたたきつけられたことがあったという。こんなエピソードを、著書の『娘に語る祖国』（光文社）のなかで書いておられたが、確かに韓国にはそういうところがある。

私も初めて韓国に来た時に同様の扱いを受けた。いまでも在日を嫌う感情はあって、韓国にいる末娘の母親の家族とは断絶状態だ。

在日と韓国人は同じ朝鮮民族だが、どこか違う。私たちは日本の水を飲んで育ったのだ。サケは大海に出ても生まれた川に戻るというではないか。私の身体にも生まれ育った大阪

89年、大阪韓国青年商工会を設立した著者（最前列右から2番目）

中津のそばを流れる淀川の水がＤＮＡに入っているのだろう。生まれてから吸った空気が大阪の空気なら、粉ミルクを混ぜて飲んだ水も大阪の水だ。

大阪のことを在日の首都だと申し上げた。その大阪のためになんとかせねばと思って動いたのが、大阪五輪の招致だった。大阪経済の地盤沈下が指摘されて久しい。住友グループをはじめ大阪を代表するはずの名門企業が続々と東京に本社を移転させるなかで、このままではじり貧になってしまう。そこで考えたのが、ソウルで大成功した五輪の招致だった。

大阪を復権させることは、在日を復権させることでもある。

80年代後半、その信念のもと早速動き出した私は、懇意にしていた大阪市の助役の佐々木伸さんに話をしたら、「それはええ考えや」と大賛成してくれた。

08年開催の五輪招致に向けて招致委員会を立ち上げたが、当時、国内では横浜が招致レースで最有力という流れだった。横浜市長は建設省の事務次官までやった高秀秀信さん。そこで建設省を牛耳る竹下登さんに頼んで、横浜には降りてもらった。

これで国内の候補は大阪ということになったが、あくまで世界中から名乗りが上がるなかの一候補地に過ぎない。次はいかに最終的な決定権をもつＩＯＣのメンバーに働きかけるかということだ。

五輪の開催は莫大な利権を生む一大イベントだ。それゆえ開催地の決定のプロセスでは、凄まじい接待工作や賄賂が乱れ飛ぶが、それがメディアなどの厳しい批判に晒《さら》されていた。そのため、ＩＯＣメンバーをおいそれと大阪に招くわけにはいかなかった。

どうやって大阪に来てもらう口実をつくるのか。

韓国オリンピック委員会（ＫＯＣ）の会長で、ＩＯＣの副会長でもあった金雲龍さんに相談し、大阪にアメリカンクラブを設けることにして、その発会式にＩＯＣのメンバーを呼ぼうということになった。

アメリカンクラブは、東京ではロシア大使館の近くにある。在日米国人を中心としながらも、日本で暮らす各国の人たちが集まる会員制の社交クラブだ。大阪でもそれなりの場所でなければならないと考え、大阪帝国ホテルのそばにあるツインタワーの28階から30階までの3フロアを私が借り、そこに構えることにした。

その内装工事を若築建設にやらせようと考えたのだが、クラブのシンボルになるオブジェとして、ティファニーの初代が制作したステンドグラスを設置することにした。高さ7メートル、幅が2メートルもある大作で、「天国と地獄」というタイトルがついていた。2対からなる作品で、私は1対を三越から8億円で購入した。もう1対は、ニューヨークのメトロポリタン美術館が所蔵しているという。

3フロアの真ん中部分をぶち抜いて螺旋階段をつくり、その踊り場に設置しようとしたが、あまりに大きすぎてエレベーターに載せることができない。フロアの窓をすべて外した上で、ヘリで釣って運び込むしかないと考えていたが、その後のイトマン事件や石橋産業事件もあって、結局、実現しないまま頓挫してしまった。

大阪に国技館をつくるという話も五輪の招致と関係している。大阪で五輪が開催されるということになれば、開催国の推薦による競技として相撲を実施したいと考えていたのだ。韓国にも日本の相撲とよく似たシルムという競技がある。いずれもモンゴルを起源とするものだろう。日韓の交流を深めるためにも、相撲がふさわしい。

懇意にしていた日本相撲協会の境川尚理事長にも相談して五輪開催にあわせて大阪に国技館をつくる計画を進めることにした。場所はＪＲ大阪駅の北側の梅田貨物ヤードの跡地のうち１万坪を払い下げてもらおうと考えた。

御堂筋にある韓国総領事館もここに移転してもらい、猪飼野に負けない一大コリアンタウンとしようとも考えた。キムチを置いた小さな商店が狭い路地に並ぶような街ではなく、横浜や神戸のチャイナタウンのような近代的で大がかりなコリアンタウンとしたかった。

私が育った中津から梅田の貨物ヤードは歩いてすぐの場所だ。幼い頃、そこには巨大な操車場があり、サーチライトで照らされた日通の倉庫がいくつも建ち並んでいたのをよく憶えている。

その光景を一変させるはずだったこの計画も実現しないままとなった。いま梅田の貨物ヤード跡は再開発されてたいへんな賑わいだと聞く。

私と韓国との関係は80年代の全斗煥政権の頃から深まっていった。全斗煥、盧泰愚、金泳三の三代の政権で、いずれも私は大統領直属の平和統一政策諮問委員会のメンバーとなった。かつて中津の長屋に生まれ育った貧しい在日の子が、本国の政府から認められるまでになったのかと思うと誇らしくもあった。

とりわけ金泳三とは縁が深かった。

野党時代に金泳三が東京を訪れた時のことである。当時の韓国大使館は、野党政治家などまともに相手にしない。当然のことながら車を出すようなこともしなかったが、それでは政治家として格好がつかない。

「車を出してもらえないか」

金泳三の右腕だった人物からそう頼まれて、

「よっしゃ、分かった」

二つ返事で私が東京で使っていたベンツを運転手付きで提供した。すると、金泳三の帰国後、すぐさま調べにきたのが国家安全企画部（現・国家情報院）の連中だ。

「なぜ金泳三に車を出したんだ」

野党政治家なんぞに車を提供するのはけしからんと圧力をかけようというわけだ。まだ全斗煥政権の時代。情報機関が厳しく政治運動を統制していた。

「祖国の立派な政治家が来られたのに、車も出さんわけにいかんやろうが！」

圧力なんぞ何するものぞとばかりに追い返してやった。

金泳三との縁はこれだけではない。

じつは金泳三の元愛人の面倒をみてやったこともある。これもまた彼が野党時代のこと。

知り合いの弁護士が連れてきた女性がその元愛人だった。

「ちょっと話を聞いてあげてやってや」

日本で韓国料理店を営んでいるのだが、金銭トラブルに巻き込まれたということだったので、トラブルを解決してあげた。この女性には当時、20代前半の子供がいて、その子が金泳三の隠し子ということだった。

元愛人の件はともかく、こうした縁で私を諮問委員会のメンバーとしてくれたのだろう。もっとも、当時はまさか彼が大統領になるとは思ってもみなかったが。

韓国で私の影響力が高まるにつれて名だたる財界人との接点も生まれるようになった。大宇グループといえば、99年に経営破綻したが、それまでは現代グループに次ぐ巨大財閥として知られた。その会長の金宇中氏も私をかわいがってくれた人物だ。

90年には大宇との合弁会社を立ち上げることになり、大阪のホテルプラザで開かれた調印式には金宇中会長にも出席してもらった。

事業目的について大宇は韓国産豚肉の日本への輸出を考えていたようだが、私は違った。北朝鮮で火力発電事業をやりたいと考えていたのだ。北朝鮮ではセメントが満足に確保できないが、セメントの製造には、石灰石を高温で燃やさなくてはならない。火力発電によって必要な電力を供給しようというのだ。

大宇とは、ソウル中心部の日本大使館そばの７０００坪の土地を再開発して大型ビルを建設する事業計画もあった。ここにＪＡＬホテルを誘致し、当時すでに老朽化し手狭だった日本大使館にも入居してもらったらどうかと考えていた。

こうした事業の実現のために、連日のようにソウルで大宇側と調整した。そのかたわらで、ソウルでよく飲み歩いたのが、イトマンの社長だった河村良彦さんだ。91年に起きたイトマン事件では、河村さんはあろうことか、私を大阪地検に告訴する側に回る。法廷の場では、私の顔を見ることすらできなかった。

ときはバブル経済のまっただ中。絶頂にあった私のすぐそばまでイトマン事件の陰がひたひたと迫っていた。

第八章

イトマン事件

絵画ビジネス

イトマンは1883年（明治16年）に衣料卸問屋・伊藤萬として創業された。繊維を中心とする名門商社で、大阪の一等地、御堂筋本町通りにビルを構えていた。

バブルに沸いた1980年代後半、大阪に本社のある企業は次々に東京に移転していった。すでに繊維では商売が成り立たなくなっていたイトマンは、経営建て直しのため、メインバンクの住銀の役員だった河村さんを社長に迎えていた。高卒入行のノンキャリアだが、支店長を経て、住銀の常務に上り詰めた叩き上げで、〝住銀の天皇〟と呼ばれた磯田一郎会長の腹心とも呼ぶべき人物だった。

イトマンに着任した河村さんは、数々のオリンピック選手を輩出した「イトマンスイミングスクール」や、居酒屋チェーン「つぼ八」を買収するなどの事業を手がけた。専門商社から総合商社への転換を託され、躍起になる。一方で、住銀の不良債権を引き受けるなど、汚れ役も買って出ていた。

住友銀行が表だって動くことの出来ない案件を、イトマンが代わりに処理することもあり、「住銀の裏部隊」とも呼ばれた。

河村さんはそれでも磯田さんのために働いていた。

高卒で常務といえば、通常は上がりのポストだが、住銀は１９７０年代に10大総合商社の一角を占めていた安宅産業に関わり、次に大阪の商社イトマンに参画した。磯田さんは、そこに腹心の河村さんを送り込んだ。

潰れかけた会社だが、上場会社ではある。河村さんも再生を願い、やりがいに燃えていた。自分の退職金を全てイトマンの株にかえたのは、不退転の気持ちの表れであろう。

ある日の昼だった。イトマンに経営参加していた、協和綜合開発研究所所長の伊藤寿永光から連絡があった。私と伊藤とは87年の雅叙園観光ホテルの買収事案ですでに出会っていた。

「今日の夜、イトマンの河村さんが東京に来ていて、ホテルオークラで会いたいと言っている」

河村さんとはそれまで数度顔を合わせた程度だった。伊藤からの連絡を受けて、夜中10時頃にホテルの部屋を訪ねた。憔悴しきった表情で河村さんはこんな説明をした。

イトマンの系列繊維商社で東証２部上場の「立川」という会社がある。その株式をめぐって、イトマンは先の京都銀行でも登場したアイチの森下さんと攻防を繰り広げていた。

88年6月にはアイチが同社の筆頭株主に。その過程で、河村さんは伊藤に頼った。対抗のため、増資することでイトマン側の持ち株を増やし、過半数を奪い返した。

しかしその裏で、伊藤と森下が手を組み、新たに取得した立川株の一部をアイチに売り渡す密約を結んでいたという——

伊藤と森下は、その一部の10億円を、謝礼として河村さんに渡したというのだ。これはもちろん裏金となり、業務上横領となる。河村さんが金を受け取ったのは、自社株を自分で買いたかったからだ。これにより森下と伊藤から決定的な弱みを握られてしまった。助けを求める河村さんの狼狽ぶりは、見るに堪えないほどだった。

「それは具合が悪い。わかりました」

私はそういって、翌日10億円の現金を持参して、森下のところにはせ参じた。

「あんたなにしてんの！　こんなことで河村さんを型にはめてどないするんや。金は渡すからこれはもうない話やで」

そういって、10億円を渡し、領収書をもらって翌日河村さんに渡した。

思えば、あの出来事で全ての歯車が狂いだした。

当時のイトマン専務は元住銀名古屋支店長で、名古屋時代に伊藤に出会っていた。伊藤は名古屋を中心に冠婚葬祭事業などを経営し、銀座のビルの地上げに成功するなど不動産業界でも名を売っていた。専務は、この伊藤に惚れ込んでいた。

全ての発端は、専務が河村さんに伊藤を紹介したことだった。人たらしの伊藤は、河村さんにも気に入られ、イトマンの救世主扱いされることになる。

出会った当初から、伊藤には得体の知れない気味の悪さを感じたが、男前で、人を惹きつける天性の魅力も併せ持っていた。河村さんだけではなく、住銀の磯田会長にも気に入られ、１９９０年には、イトマンの常務にまで就任している。

当時のイトマンは、河村さんと伊藤の主導で、本業とは別の不動産業に手を出し、大金を突っ込むようになっていた。なかでも１０００億円という巨額の金が動いたのは、イトマン本社を建てる名目で行った南青山の地上げだ。その後も、イトマンは南青山の地上げ、鹿児島のゴルフ場、銀座１丁目の地上げなど、３０００億円ともいわれる伊藤の不動産プロジェクトにのめり込んでいった。資金はイトマンファイナンスが肩代わりする形で、伊藤が買うというスキームを組んでいた。

そしてもうひとつ、イトマンが目を付けたのが絵画ビジネスだった。

当時、三菱商事が絵画を担保とする金融業を始めていた。その時代は不動産だけでなく、美術品を含めてあらゆる金融商品を開拓していた。天下の三菱が美術品を担保に金融をやっているのだ。河村さん率いるイトマンがこの道に金脈を見たのは必然とも言えた。

メディアで報じられたイトマン事件とは、この絵画ビジネスに端を発した巨額の経済事件とされている。

私が所有する絵画や美術品を法外な価格でイトマンに引き取らせ、さらに不動産やゴルフ場開発の投資を持ちかけては巨額資金を引き出し、会社に多大なる損害を与えた――というものだが、私に言わせれば一連の報道は、現実とあまりに乖離している。

始まりは、イトマンファイナンスが3000億円で不動産や絵画ビジネスを企図するので、私にも協力して欲しいという話だった。

ある日、イトマンの専務がこんな話を持ってきた。

「弊社が持っているロートレック・コレクションを買ってもらえませんか」

当時、磯田会長の長女が、西武百貨店の系列で、宝飾品や高級美術品を扱う「西武ピサ」で働いていた。磯田会長から「娘がロートレックの売り先を探している」と頼まれ、先だってイトマンが購入、保管していたものだった。

かつて私は、パリでロートレック・コレクションを見たことがあり、個人的にも好きな画家だった。もともとはフランスの貴族だったロートレックは、落馬による下半身負傷で男性機能に損傷を受けた。以降は倒錯の世界に入り、一連の絵画が生まれた。

「ナンボなら売ってくれますか？」

そう聞くと、伊藤と専務がつけた値段は68億円だった。

購入を決めた私は、ひとつ条件を付けた。

「わかりました。ただ、支払いは2、3年待ってくれますか」

当時の私は、大阪・中崎町に「韓国国際文化センター」を創る計画を進めており、地鎮祭が終わったばかりだった。その建物ができるまで2年ほどかかる。

「オープンするときに収蔵品をみんな展示したいから、それまで品物はイトマンで預かっていて欲しいんですわ。だから支払いもそれまで猶予してくれませんか」

「それで結構です」

このやりとりだけで売買契約を済ませた。

西武ピサがロートレックをイトマンに16億円で売り、それを68億円で私が購入するまでの流れを、私自身が最初から計画したものだとする一部報道もあった。巨額の利益で河村さんを籠絡し、彼を絵画ビジネスにのめり込ませる〝装置〟として、この一連の売買を私が仕組んだというのだ。

バカも休み休みに言って欲しい。私は仕入れ値すら知らないし、西武ピサから直接イトマンに持って行った話である。イトマンが仕入れて私に売ったのだ。磯田会長の長女とは、一面識さえない。

イトマンから「買いませんか」という話がきたので、言い値で購入約束をした。それだけの話である。伊藤と私が組んで長女を籠絡したという見当違いの報道さえあった。

しばらくして、専務が再度依頼をしてきた。

「絵画を介しての金融ファイナンスを本格的にやりたい。あなたの所有する絵画を担保にうちから金を借りてもらえないか」

その言葉を受けて、計200点以上の絵画を担保に入れ、借り入れた金額は総計500億円超となった。

この絵画ビジネスに味を占めた私が、今度は逆に絵画をイトマンに数十倍の値段で売って損害を与えたと報じられているが、もともとの仕入れ原価は計200億円。仕入れの2倍強にしかなかったことは法廷でも明らかになっている。この程度であれば、絵画の商取引上はなんら問題もない。一点として偽物はない上、そもそも絵画には定価など存在しない。贋作でない限り、買いたい人が買いたい値段で買うべきものだ。全ての美術品は担保としてイトマンに預けてあった。

絵画は、「西武ピサ」の他、福本さんの「フジ・インターナショナルアート」からも仕入れた。

２００億円という価格は、基本的には「西武つかしん」がつけた。つかしん内に美術部門があり、同じセゾングループである西武ピサも関わっていた。

一番信用できる美術年鑑を価格基準に用い、その8掛けの値段をつけている。この価格設定方法は一般的なものである。西武つかしんの美術部門の担当者だった課長は、会社の了解をもらった上で価格をつけている。つかしんの名とともに、会社の印鑑も押しているのだ。いわば会社の代表取締役印である。

「ウチの課長を使って下さい。会長の言う通りやりますから」

西武つかしんの社長は、そう言って盛んに〝私詣で〟をしてきた。

購入した美術品のうち最高値は、横山大観の屏風で25億円。私は一度も値切らなかった。加山又造、東山魁夷、生家の中津に縁深い佐伯祐三の絵画も購入した。これらの絵画はイトマンに担保として預かってもらい、売値として相応する金額の融資を受けたものだ。

この絵画を巡り、思わぬ出来事もあった。ある時、裏社会の超大物が私の購入した絵画を見て、どうしても欲しいと言い出したのだ。

「これは誰が買っているの」

「大阪の藤田さんです」

間もなくある人を介して私に接触があった。

「どうしてもあの絵を親父が欲しいと言うてますので」

1億円上乗せしてくれるという話だったが、私自身もこの絵は気に入っていた。計画していた自分の美術館を飾るコレクションにも欠かせないもので、丁重にお断りした。

「告訴します」

1990年（平成2年）3月、大蔵省（当時）で不動産融資の総量規制が行われ、地価が大幅に下落。10月になると日経平均株価は2万円を割り、9か月前の半値近い水準となった。バブル崩壊の足音が聞こえ始めていた。

時代の陰りに、私自身も覆われていった。

翌91年4月23日のこと。一連の絵画取引を巡り、不正取引と特別背任の疑いで大阪地検が動き始める中、福本邦雄さんの事務所で、旧川崎財閥の資産管理会社「川崎定徳」の佐藤茂社長と会った。佐藤さんは住銀による平和相互銀行吸収合併に暗躍した人物で、常に住銀の陰で蠢《うごめ》く怪人だった。

佐藤さんが、こう言った。

「あなたが持っているイトマンの株を渡してもらえませんか。そしたら、今起きている問題、全てこちらで処理しますから」

「なにを言っているんですか？　渡すのはいいです。でも金がいりますよ」

当たり前だが、株購入では借金をしている。

「株を渡すのはいいとして、引き取りにちゃんとお金をつけてもらわないと」

「どれぐらいの金になりますか？」

「三千数百万株あります。一株800円としても300億円ぐらいはいるんと違いますか」

「いやぁ、そんな金出して引き取れません。なんとか株だけそのままもらえませんか。そしたら絵画の問題もみんな〝なし〟にします。それに匹敵する金にはなるでしょうから」

まったく無理筋の話というほかない。私は言下に断った。

「いや、そう言われても無理です」

「わかりました。それなら仕方ないですね。明日、あなたを告訴します」

そう言い放ち、去って行った。

絵画の他、イトマンを巡ってはゴルフ場開発の問題も浮上していた。いや、〝浮上させられていた〟と言った方が正しい。大阪地検からすると、イトマン事件は事件性が極めて薄い。なんとかして他の事件をくっつけなければならない。そこで浮かんだのが「さつま観光」というゴルフ場開発会社である。私がさつま観光に200億円の融資をさせ、96億円を焦げ付かせたという〝ストーリー〟を作ったのだ。

もともとさつま観光のゴルフ場開発はKBS京都に来ていた話で、社長の内田がやりたがっていた。鹿島が造成を担当したが、内田は工事代金が払えないという。それで私が鹿島に話をつけ、次に伊藤忠に話を持って行った。外国人有名プレーヤーに設計してもらい、ハイグレードなゴルフ場に改造した。

レストランやホテルに使う什器《じゅうき》も、大倉陶園という皇室御用達の陶磁器メーカーに依頼して、ロゴ入りの別注品を500セット作成した。ゴルフグッズも三越に注文するなど、一流のチャンピオンコースにするため徹底的にこだわり抜いた。

内田は会員権を早く売りたいと言ってきたが、私がストップをかけていた。付加価値をつくるためにも、安売りせず、ゴルフ場ができてから販売するようにしていた。

その後、伊藤寿永光らが、

「会員権の販売はイトマンでやらせてもらえないか」

と話を持ってきたので、共同事業とした。

そのうちイトマン事件がフレームアップされていき、ゴルフ場側が突如「騙された」と言い出し、司直の手を借りようとした。

会員権を売らなかったのはゴルフ場の完成を待って付加価値をつけるためである。それまで利益が出ないのは当たり前だ。

91年7月、大阪地検は、まず私の身柄をイトマン案件で持っていった。翌月、今度は大阪府警がさつま案件で乗っ取りや横領などの事件を作り身柄を抱えるという流れを描いたわけだ。

結局、さつまの件は事件にもならず、計20日の勾留で終わった。事件の担当検事は、「すみません。皆やっているから、こちらだけ早く帰るわけにはいきませんので」と、毎日のように謝っていた。なにしろ夜中10時、11時まで取り調べをやりながら、調書を書くことさえできないのだ。

「すみません。調書が一枚もなしではまずいので、最後に少しだけいいでしょうか」そう言って簡単にまとめたにすぎない。これが「さつま観光事件」の顛末である。

世間では「イトマン事件」といわれているが、私にとっては「事件」ですらなかった。後に私が「不当に高くつり上げた金額でイトマンに絵画を買い取らせ、損害を与えた」として大阪地検は特別背任とした。しかし、これらの絵画取引は、あくまでイトマンから私への融資でしかない。それもイトマンから頼まれたことである。

検察の主張によれば、イトマンに持ち込まれた絵画は211点、総融資額は約557億円。うち340億円はイトマンへの損害だとした。しかし絵は全て担保としてイトマンにあった。

私が相場の何十倍、甚だしくは90倍の価格をつけたなどと報じられているが、事実無根であることは裁判でも明らかになっている。

繰り返すが、担保にした全ての美術品の中に、贋作は一点もない。出所も全てはっきりしている。イトマンに言われた通り、請求書を持って行って品物を届けた。

1990年（平成2年）2月から取引が始まり、9月で終わる。検察は私とイトマンとの7か月間の絵画取引のうち、最初の2か月は「融資」で、後の5か月は「売買」だと分類している。この線引きが何だったのか、いまもって不明である。裁判で弁護士が何度となく主張したことだが、これらは全部融資であり貸借である。融資と売買を分ける根拠を出してくれと言っても、何も出てこない。

結局私が問われた罪名は、商法の特別背任のみ。特別背任とは、その会社の役員などが問われる「身分犯」である。代表権や決裁権を持っている人間が、会社に損害を与えた場合にのみ成立する。

裁判所で繰り返し述べたが、私はイトマンの役員でもなく、部外者で代表権もない。身分なき人間を商法の特別背任に問う場合は、最高裁の判例がある。「積極的な加行」があったかどうか、だ。積極的にその決済に関与して、会社の経営に影響を与えた場合にのみ罪に問うことができる。本来、私に適用できる罪状でさえなかったのだ。

特別背任で起訴する限り、検察は当のイトマン本体を家宅捜索しなければならない。イトマンに関わる内部資料、会計処理から稟議書まで、全て上げる必要がある。しかし検察はまともにイトマンの家宅捜索さえせず、住銀本体への捜査は一切行っていない。罪状、捜査、裁判。全てが巨大な権力で歪められた悪夢であった。

住友グループの守護神

イトマン事件の構図を描きながら、表舞台に一切出ることのなかった〝黒幕〟がいたことも、触れなければならない。

その人物こそ、住友グループのオーナー家の顧問弁護士にして、元大阪地検特捜部長の小嶌《こじま》信勝である。

小嶌弁護士は、大阪地検特捜部長、広島高検検事長を経て弁護士転身したヤメ検で、以後、住友本家である「泉屋」の顧問弁護士を務めた。〃住友グループの守護神〃と呼ばれ、異常な執念を燃やして私の前に立ちはだかった。

弁護士でありながら地検特捜部に入り浸り、時には自ら事件の資料を持ち込むことさえあったという。かつての部下たちを前に、「許永中逮捕」を至上命令として発破をかけていたと、私は聞き及んでいる。

ジャン・ギャバンとアラン・ドロンの2大スターが共演した『暗黒街のふたり』という映画がある。執念深い検事が、無辜のアラン・ドロンに強盗殺人の疑いをかけ、追い詰めていくのだが、物語終盤、濡れ衣で死刑判決を受けたアラン・ドロンがついにギロチンの前に引きずり出される。保護司役のギャバンの慈しみと哀れみを内包する目が、いまも忘れられない。

この映画を見るたびに、私に対する小嶌弁護士の執念が甦る。

伊藤を会社に引き入れたイトマン専務は、90年に自宅の風呂の浴槽で自殺した。遺書には伊藤に対する恨みと共に、住銀への怨嗟の声が連綿と書き綴られていたという。しかし、検察はこの遺書を表に出さなかった。

94年9月には、専務の後任である住銀名古屋支店長が射殺されている。名古屋市内のマンションで、右目上から左後頭部を銃弾で貫かれていた。
関わった人間たちの殆どが、不幸にも人生の奈落に落ちていった。

三たびの海峡

イトマン事件で保釈金6億円を積んで出所したのは、1993年（平成5年）12月のこと。勾留は2年半に及んでいた。保釈されてからは精力的に活動を始めた。大相撲に関わり、太平洋戦争激戦の地、硫黄島で貴乃花と曙という日米の横綱による鎮魂の土俵入りを催した。

映画製作に関わったのもこの頃だった。1995年上映『三たびの海峡』がそれだ。日本に強制連行された朝鮮人男性の半生を描いた。

連行されて炭鉱で働かされ、逃げて韓国に戻ったが、どうしても許せぬ宿敵に、三たび海峡を渡って復讐に行くという物語だ。私の父親が徴用されて炭鉱で働いていたという体験もあり、心に残った。

原作は小説家で医師の帚木蓬生《ははきぎほうせい》さん。監督は『ひめゆりの塔』（1995）の神山征二郎さん。三國連太郎さんや南野陽子さんが出演してくれた。製作資金を集めて、私がプロデュースした。三國さんはこの映画で第19回日本アカデミー賞最優秀主演男優賞を受賞している。

映画の原作は、イトマン事件で大阪拘置所に入っているときに読んだ。数多の書籍をむさぼるように読み漁ったが、帚木さんの『三たびの海峡』はとりわけ感銘を受けた一冊だった。一読してファンになり、長女には帚木さんの他の本も皆差し入れてもらったものだ。獄を出たら帚木さんにぜひ会いたいと願った。93年末に保釈で出たとき、どこを訪ねていいかもわからない私は、ひとまず版元の新潮社に電話した。「この原作を映画化したい」と問い合わせをしたら、「映画化はご本人が決めることなので」と連絡先を教えてもらった。すぐに先生の住まわれる福岡に向かった。

奥様も含めて素晴らしい方だった。欲得の精神は持ち合わせておらず、知的でさわやか。映画化の話も快く了承してくださり、原作料もいらないと言われた。

「自分の本は抑えて抑えて書いたが、現実はもっとひどく地獄です。そのなかで生きている人たちの声を聞いたら、もう涙、涙でした。そのなかでも一番ひどい炭鉱は、あの麻生炭鉱でした。一番人も死んでいる」

帚木さんはそんなお話をしてくださった。

当時、炭鉱の親方たちは思いがけない金も持っていた。みんな会社側につき、採掘労働者たちを低賃金で酷使して地底の地獄に放り込んでいった。炭塵《たんじん》被害も凄まじかった。防《ぼう》塵《じん》マスクなどなく、単にタオルで鼻や口を塞ぐ程度。私の父親も戦時中、炭鉱に持って行かれて働かされていた。身近にこの苦しみがあった。

「自分であちこち取材した先も、必要なら全部ご紹介します。なにかあったら連絡ください」

帚木さんはそこまで言ってくださり、実際に原作料も受け取らなかった。お持ちの資料もみせてもらい、あそこに行けばこんな資料があると、親切に教えてくださった。

映画の試写会には福本さんを通じて政財界や外務省の人にも来てもらった。制作費は６億円。１億ほど集め、残りは私の持ち出しになった。

石橋産業事件の深層

イトマン事件に続き、私とセットで語られるもうひとつの疑獄が、石橋産業事件である。２０００年3月、私は手形詐取の疑いで東京地検特捜部に逮捕されたが、これはイトマン事件以上に、まぎれもなく無罪だったと断言できる。

事件を巡る報道では、１９９６年6月、私と田中森一弁護士が共謀して石橋産業に計１

７９億円の約束手形に裏書させた上で交付させ、これを詐取したものとされている。

私が政界工作を担い、石橋産業に共同事業を持ち掛け、信頼させたところで手形を〝騙し取った〟というストーリーだ。石橋産業からは中尾栄一元建設相に巨額の賄賂が渡っていたことも発覚し、汚職事件としても世間をにぎわせた。

数多の人物が登場し、錯綜を重ねるこの事件は、おそらく報道する側も本質を理解することができなかったのだろう。

結論から言えば、石橋産業事件では金銭的損害を被った被害者さえいない。創業者一族の兄弟喧嘩を発端とする、単なる株の〝移動〟であった。


東京の石油商社の石橋産業は、中堅ゼネコンの若築建設、昭和化学工業などの上場企業をはじめ、22社の関連会社を持つ一大企業だった。

74年に先代の石橋健蔵が他界すると、異母兄弟の確執が始まった。後を継いでグループの中心になったのが石橋産業代表の石橋浩。確執の相手は異母弟で若築建設の専務だった石橋克規だった。

激しい対立の末、克規は若築建設の専務の座を追われた。そして克規が持っていた石橋産業の大量の株が、暴力団関係者に流れてしまった。

石橋浩がこの株の回収に動いたことが、全ての始まりだった。

当初、私はある事情から克規側についており、浩側とは〝敵対関係〟として出会うことになった。１９９６年1月、場所は都心の住吉会幹部の事務所である。

株の流出先に暴力団関係者がいると知った浩サイドが、知り合いの住吉会幹部に相談したのだ。

克規側の代表として、交渉のためにその事務所を訪問した私は、浩側の代表として現れた男を見たとき、見覚えのある顔だとすぐにわかった。

「なんや、『林さん』というのはアンタのことかいな。そんなら話は早いわ。ゆっくり話そう」

その男とは前年春、銀座のクラブで偶然出会い、名刺を交わしていた。石橋産業の関連不動産会社「エイチ・アール・ロイヤル社」の代表を務める林雅三といった。

浩の夫人は林の姉である。そこで浩が株回収のために林を頼ったわけだ。事前に「林なにがし」なる人物が同席することは聞いていたが、まさか顔見知りの林雅三だとは予想していなかった。

さらに浩側に立ち、株回収の交渉役として登場したのが、ヤメ検で林の顧問弁護士を務める田中森一弁護士だった。田中弁護士とはイトマン事件における伊藤の担当弁護士だったことに加え、山口組幹部・宅見勝組長の顧問弁護士をやっていたこともあり、こちらもよく知っていた。

「克規から聞いとった話では、浩さんとアンタが組んで、石橋産業を好き放題にしとるということやった。それを止めようとした克規がグループから追い出されたと聞いとったんや。そやから、なんとか克規を助けなあかんと思ったわけや」

そんな私の言葉を、林は神妙に聞いていた。

林と会って、克規の話とは実相がだいぶ異なることがわかり、とりあえずは流出した株をとりまとめることで協力態勢になった。

このことをきっかけにして、「石橋産業グループを大きくするために、どうか力を貸してほしい」と浩から要請され、私はこの一大企業の将来に関わることになった。

当時、私が立てた事業計画の大きなひとつが、石橋産業グループの若築建設と、兵庫県西宮市にある中堅ゼネコンの新井組とを合併させることだった。港湾工事など海に強い若築建築と、ビル建設など陸に強い新井組の合併により、いままで以上に大型プロジェクトを受注できる体制となる。当時は関西空港の第二期工事などが控えていた。

新井組の株は、イトマン事件の頃に獲得していた。合併をスムーズに進めるために、まず私がキョート・ファイナンスに担保として預けていた新井組の株を石橋産業に引き渡す。その代わりに、石橋産業の裏書きがあるエイチ・アール・ロイヤル２００億円の手形をキョート・ファイナンスに納める。事前に浩と林側、キョート・ファイナンスの湊和一社長、そして私との間で「三者協定」を結んでいた。この協定書作成をしたのが田中弁護士であった。

数日後、田中弁護士の事務所で彼を立会人として、林、湊、私で調印当日を迎えた。だが、林が持参した手形には、肝心の石橋産業の裏書きがなかった。時間がなく準備することができなかったとのことで、林は翌日、裏書きした手形を持参。湊に手形が渡り、協定書に署名と捺印をした。これだけの話である。

以降、石橋産業のために政財官界工作に力を入れ、さまざまな有力者と浩を引き合わせた。全ては大型の公共工事の受注を狙ってのことだ。

しかし、検察は「三者協定はなかった」としてその存在を否定し、「許永中と田中弁護士が石橋産業を騙して手形を裏書させた上で詐取した」という絵を描き、詐欺容疑での立件を図った。

なぜ検察はこれほど躍起になって立件を目指したのか。そこには巨大権力内の〝私怨〟が渦巻いていた。

実は検察の本当の敵は田中弁護士だった。石橋産業事件の捜査は、東京地検特捜部時代、田中弁護士の上司だった石川達紘検事が執念を燃やしていた。田中弁護士が検察現役の時、ある事件が原因で上司の石川とぶつかった。それで間に挟まれた副部長が自殺したという。加えて田中弁護士はかつて特捜のエースと呼ばれながら、退官後は宅見組長、末野興産の末野謙一、国際航業株事件の小谷光浩など、いわゆる闇社会の守護神となっていた。石川はそれがどうしても許せなかったのだろう。

なんということはない。全ては検察組織による意趣返しだったということだ。

判決の日

石橋産業事件を巡っては、政界にも多額の金が流れたと言われている。確かに私が石橋サイドとつないだ政治家は多いが、私が直接渡した金は一円たりともない。

とりわけ元建設大臣の中尾栄一さん、元総理の竹下登さんの名前が取りざたされたが、あくまで私ではなく石橋産業サイドから渡したもの。「石橋をピカピカの財界人にするために使ってくれ」と私から林に渡した10億円から、5億2000万円が政界工作金に使われたとされている。しかし、詳細は私の知らぬところである。

私の最大の過ちは、立てた弁護士を間違えたことだ。私の主任弁護士は、やや自分の能力を過信していた。

刑事事件では、1回目の公判で検察側が検面調書（検察官面前調書。被疑者・参考人の供述を記録して作成した書面）を提出し、これの認否をする。刑事訴訟法ではこの検面調書が証拠能力として強い効力を持つことになる。

認否を争うことになると、裁判が長期化する。主任弁護士はそれをいったん認めることで裁判を短縮させる作戦を立てた。

主任によれば、検面調書を認めてもこの裁判は勝てるのだという。事前にひとつ成功例があった。泉井事件というものがあり、これを私の主任弁護士が扱った。泉井石油商会のオーナーの泉井純一が、ベトナム油田に絡んで、高級官僚への接待問題や政界への政治献金問題などを起こした事件だ。主任弁護士はこの裁判で、逮捕された泉井を無罪にしていた。泉井は脱税と贈賄だけは認め、裁判期間を短縮させた。結果、詐欺では無罪になり、翌日、保釈になったという。主任弁護士は同じ戦法でいくことにした。

「検面調書を認めて欲しい」と言ってきた彼の言葉に、最初は耳を疑った。1回目の公判で認めれば、罪証隠滅の恐れがなく保釈されるというのだ。検察が出してきた証拠書類を認めたら、罪証隠滅もクソもない。私は大反対したが、一緒に立件された田中弁護士が、早く裁判を終わりにしたいと泣きついてきた。

「自分も同じ考えや。がんばるさかいに、1回目の公判ではこれを認めることを了解してくれ。そうすればみんな保釈や」

他の弁護士たちはこれを止めていた。しかし、私の会社の部下が5人逮捕されており、勾留中の彼らの精神が極限状態まで追い詰められていた。無理もない。修羅場をくぐったこともないごく普通の一般人だったのだから。

早く拘置所から出してやりたいと思っていたこともあって、私はこれを認めることにした。

しかし、いざ裁判が始まると、その判断が決定的に誤りだったことを痛感する。なにしろ検察の主張をもとに裁判が進行するのだ。最初に認めている以上、私たちが100％ひっくり返さなければならない。既存の裁判のシステムから見ても不可能である。裁判そのものが最初から負け戦になっていた。

イトマン事件では、現実に何千億円の金が動いていた。しかし石橋産業の場合は、200億の手形で、左から右に動いただけで決済もされていない。

私が20億の裏金をもらっていたという疑いもかかっていたが、事実無根も甚だしい。弱みのある浩と林は検察から罪の軽減をちらつかされ、検察が思うままの供述をしたのだろう。

2002年（平成14年）6月28日、石橋産業事件において、懲役7年6か月の判決が下りる。

それまでの流れは、収監後の取り調べから裁判まで、私にとって全てが不当以外の何ものでもなかった。予測はしていた。しかし、まぎれもなく生涯最悪の日である。最も忌み嫌う「詐欺師」の汚名を着せられ、国家権力と司法に絶望したこの日のことを、私は忘れることはないだろう。

第九章 大人のかくれんぼ

兄の最期

ドーン！　ドーン！　ドーン！

エアコンが効いているのに、私はその朝、ビッショリと寝汗をかいて目を覚ました。

3日前に起きたその出来事が、夢の中でフラッシュバックする。ボディガードが刺客に向けて放った反撃の銃声を、まるでその場にいたかのように頭の中で繰り返し聞くのである。

私は、自分が何をせねばならないかに気持ちを奪われて、この日の葬儀にも参列せず、昼と夜の別もなく悶々とした時を過ごしていた。

（今頃〝あの人〟の魂は、生駒山の山すそにある葬儀場の焼き場から、白い煙となって上っているのか……）

心に思い描いた煙の中に、無念そうな男の顔が浮かんでは消えていく。

私が兄事した唯一人の男、生島久次さんが撃たれたのは、真夏の盛り、１９９６年（平成8年）8月26日午後4時過ぎのことだった。場所は大阪市北区梅田一丁目の大阪駅前第三ビル前の路上。ＪＲ大阪駅から数百メートルの大都会のど真ん中である。

その日、イトマン事件の被告人で保釈中の身であった私は、生島さんと、昼食を共にする約束だった。しかし予定が変わり、生島さんは私の代理で行った番頭と、行きつけのそば屋で遅い昼食をとった。食後、オフィスがある第三ビル3階の、いつもの駐車場で下車せずに、ビル1階の裏玄関で車を降りた。

そこで待ち伏せしていたふたりの刺客から銃撃を受けたのだ。ふたりはかつて私が老松町のマンションで交差した、山健組系太田興業内侠友会会長の鶴城郁夫の弟、鶴城丈二の手の者だった。

生島さんは着ていたスーツを血に染めながら数歩後ずさりし、路上に仰向けに倒れた。乾ききったアスファルトに、血の海が広がる。

ボディガードの古市朗は、常に持ち歩いていたルイ・ヴィトンの手提げカバンに、S&Wの38口径を忍ばせていた。すぐさま取り出し、引き金を引いた。

刺客の体を銃弾が貫く。朗は逃げたもうひとりの男を追う前に、生島さんに向かい、詫びとも悔いともつかぬ咆哮《ほうこう》を上げたという。

生島兄には長い逃亡生活があった。三代目山口組の菅谷組内生島組組長だった時、米軍嘉手納基地で盗まれた拳銃の購入事件があった。生島兄が個人名で利用していた貸金庫から、拳銃12丁・実弾75発が見つかったことから、83年5月、銃刀法違反容疑で大阪府警に指名手配されたのである。

生島兄は顔を整形し、時効が成立するまで逃亡。その間にヤクザを引退し、90年5月に時効が成立している。逃げ切ったのだ。その間、生島兄はアメリカに渡っていた。

時効後、生島兄は堅気となって「日本不動産地所」という会社を経営。オフィスを第三ビル15階に構え、不動産や金融などの事業を成功させていた。

世間では私同様、良いことを言われない人物である。金銭に殊の外厳しい男との評価が蔓延していたが、私しか知らない、俠《きょう》としての一面と根性があった。

生島兄が殺された理由は、豊富な資金力が背景にあった。金融業や会社整理から始まり、不動産売買、債権回収と活発に動き回り、「経済ヤクザ」の走りと言われた。

堅気となってからも様々な極道組織に関係し、約８００億という多額の貸付金を持っていた。その資金回収に協力していたのが山口組系の武闘派組織・中野会だった。生島兄も多額の貸付金の回収をするために山口の代紋を必要とした。中野会長と生島元組長は利害の一致もあり、急速に接近していった。

これに対して、二人の関係を御破算にするために仕掛けられたのが、生島元組長への襲撃事件であったと私は考えている。詳しく語ることは憚れるが、事件の背景には山口組若頭の宅見勝さんがいたというのが私の見立てだ。

当時、山口組では次期組長の跡目争いが水面下で始まっていた。中でも最有力候補であったのが宅見勝若頭であり、中野会の中野太郎会長であった。当時から山口組は内部抗争が激しかった。

生島兄を裏切った組の幹部もいた。それを使嗾《しそう》した者もいた。たかが金の恨みのために親分を売り、友を裏切り、結果、皆が非業の死を遂げてしまった。その中には、多くの在日同胞の存在もあった。山口組の全盛期、前線に出ていた実行部隊の7～8割は在日の人間だったと言われている。

鶴城丈二の手の者が生島兄を殺し、その彼が、八重洲富士屋ホテルの前で、元菅谷組の男に銃殺される。そして生島兄が殺された1年後の97年8月28日、今度は宅見さんが新神戸駅前の神戸オリエンタルホテルで、中野会の組員に射殺された。

これらの射殺事件は、見えない糸が幾重にも絡んでいる。そして、私も狙われていた。宅見さんの射殺犯たちの標的リストに私の名前が載っているということも耳にしていた。

私の人生のターニングポイントはどこにあったのか。自問自答の末に見えてくるのは、生島兄の死に他ならないということである。

あの場面を想像していなかったと言えば嘘になる。いつ何があってもおかしくはなかった。既に数か月前からその動きははっきりとあった。殺《や》るか殺られるか、早いか遅いか。すべては紙一重だった。

彼はその日、アメリカで暮らす家族に会いにゆく予定だったと記憶している。一瞬の事で、本人も何が起きたのかわからなかっただろう。薄れゆく意識の中で、何を思っただろうか。私は生島兄の無念を想像し、絶望にも似た悲しみと怒りに苛《さいな》まれた。金に纏《まつ》わる生々しい男の思惑が絡み合い、いつしか私自身も彼らの的になっていた。あの日から、受け身でしかない逃走生活が始まり、私の人生が流転していったのだ。

東京の検問

1997年9月27日、イトマン事件の被告人で保釈中の身であった私は、内縁妻の実家法要のため、正式な渡航許可を得て韓国に渡った。渡韓中に狭心症で倒れ入院した先は、ソウル市の延世大学校付属病院。

10月6日午後5時、私はこの病院から〝自主退院〟し、車に乗り込んだ。行先は金浦《きんぽ》空港。荷物とパスポートを確認し、出国ゲートに向かう。

手筈は全て整えてある。金浦空港で協力者と落ち合い、事前に用意してもらったチケットを受け取る。堂々と出国ゲートをくぐり、空路で福岡へ。そして、国内線で羽田へ飛んだ。以降、東京を拠点に、全国各地を放浪する〝大人のかくれんぼ〟が始まった。

仙台を中心に東北地方の有名温泉宿を巡り、時には名門ゴルフ場でコースを回ることもあった。東京ではホテルオークラ、帝国ホテルなど一流ホテルを拠点にし、プールでよく泳いだものだ。帽子にゴーグル、海水パンツ姿の私は、一度としてほかの客に怪しまれることはなかった。

ある日、東京・学芸大学駅前でのこと。当時、1台7万円の自転車を2台購入して、恋人の自宅からよく銭湯に通っていた。

私が先に上がり、彼女が出てくるのを出口で待っていた。ふたりで自転車を漕ぎ出し、どこかにご飯を食べに行こうと話していたその時、背後から声をかけられた。

「ちょっとすみません」

交番警察の職務質問だった。

「どこに行かれるんですか？」

「いや、すぐそこまで」

聞けば近頃、盗難自転車が多いらしい。住所も告げた。拒否したら不審者だ。悠然として、聞かれたことにはサラリと答える。警官のひとりが番号を控えて、無線でセンターに問い合わせている。被害届が出ている盗難自転車かどうか。私たちが盗難自転車に乗るはずがない。

警察官も、まさか頭に湯上がりのタオルを巻いた笑顔のおっちゃんが、あの許永中だとは、想像すらしていなかったことだろう。

「ご苦労様です」

警察官にそう挨拶されて事なきを得た。


かくれんぼ中、各所に幾人かの協力者を抱えていたが、もちろん気を抜くことは出来ない。危険を察知したら即座に宿も替え、乗っている車も変え、土地も移動した。基本的に自分が信頼できる宿や店しか行かない。そういう店は私を最上客として扱ってくれる上、絶対的に口が堅い。

店にしても宿にしても、夜9時を過ぎると出入りの客が減る。その時間を待ち、店に頼んで裏から入るよう徹底していた。

都内のど真ん中の有名な店であろうとも、いきつけの店は私に寄り添い、協力をしてくれた。

時には母親や家族も同伴した。和洋中のどんなものでも、たとえ店で扱っていないメニューでも、事前に連絡すれば取り寄せて準備してくれる。憐憫《れんびん》の情もあったのかもしれない。それでも、彼らの心遣いが嬉しかった。店名は明かせないが、そうした店はいくつもあった。

警察もまさか、都心の超一流店に私が立ち寄っているとは思いもしなかっただろう。最後まで一切の調べも捜索もなかった。

逃亡者は挙動不審があると怪しまれる。目立たぬよう、普通に。この言葉を常に心がけていた。

いつだったか、都心のある大型銭湯に行ったときのこと。車を降り、運転手を待機させてロッカールームに行くと、視線を感じる。振り向くと、私を凝視しながら固まっている男がいた。よく見れば、私もこの男を知っている。

こういう時の鉄則がある。「狼狽《うろた》えない」。これにつきる。悠々と浴室に入ると、スッと寄ってきた。

「会長、大丈夫ですか？」

「なにも気にすることあらへん。お前もよくここに来るんか？」

そのままサウナ室にもついてきた。男は国会議員の浜田幸一の秘書だった。もともと大阪の人間で、私が父と慕っていた野村周史会長の運転手をしていた。野村会長の息子の雄作とも仲がよく、以前から私のところにも出入りをしていた。

前述の通り、京都の案件で、金丸信さんの代理人として浜幸が会いに来たことがあった。相談事は蹴ったが、銭湯で出会った男は、その時から浜幸の秘書をしていた。

「いま、どこにおるんや？」

「議員宿舎にいます」

「オレが行っても泊まれるか」

「はい。大丈夫ですよ」

こんな話をしながらも、もちろん信用するわけにもいかない。長居は無用。

「ちょっとトイレ行ってくるわ」

すぐ外に出て、待機する運転手に電話をかけた。

「おい、すぐ車を出口に回せ」

彼のところに戻り、ひと言交わした。

「腹の具合が悪いから先に出るわ。もしかしたら、緊急で議員宿舎を使わせてもらうかもわからへんから電話番号教えてくれ」

当たり前だが、その後、議員宿舎を使ったことはない。逃亡者が議員宿舎にいたら、笑い話にもならないだろう。

かくれんぼ中の単独行動は厳禁である。風呂好きの私は、街中の銭湯に行く際も、必ず一工作した。まず柄物の派手な服装の人間を2～3人先行させる。客の目がそちらに集中する隙に、ひっそり入店するのだ。

浴室でもその連中から離れて風呂に浸かり、身体を洗う。筋モノの中には銭湯好きも多く、顔見知りに会うかもしれない。バッティングしたら終わりだ。必ず数人を先に行かせて、中の様子を確認させた。いわば〝生活の知恵〟である。

東京はいろいろと検問が多い。高速道路上を走行中、事故か事件か、検問が張られていたことがあった。料金所に入ったところで停車すると、警察官たちが駆け寄ってくる。

だが、この時は運転手が一枚上手だった。検問を受けるのは運転手のみ。動揺を感じさせず、警察官の質問を努めて平然と受け流した。後部座席の私もまた、泰然自若として連れの女性と会話をしていた。「ご苦労さま」のひと言で警察官は去っていった。

緊張する場面はあった。池田山の旧正田邸の至近に、知人女性のマンションがあった。都内でも指折りの高級住宅街である。このあたりは土地柄、重点警戒区域になっていた。洗濯物が溜まってくると、ホテルでは処理できない。当時の私は、この女性宅に一時帰宅して洗濯物を片付けていた。夜10時半から11時頃、マンションの前で彼女が車から降り、ひとりで洗濯物を持って入っていく。下の坂道に停めた車の中で運転手と私は待っていた。

コンコン、とウインドウを叩かれた。ふたりの警察官が立っている。

「ここには、なぜ?」

「そこが彼女の自宅なので、降りてくるのを待っています」

「免許証を拝見します」

運転手は沖縄出身の男だった。

「免許証、沖縄ですね。住所変更をすぐやっていただけますか」

「わかりました」

「トランクを開けて下さい」

ひとりがそう指示し、もうひとりの警官が無線で免許証照会を始めている。

私は運転手にそっと耳打ちした。

「トランク大丈夫やろな？」

「大丈夫です。会長の身元に繋がるものはありません」

全神経を警察官に集中させ、臨戦態勢に入る。

「もしなんかあかんようやったら、すぐに振り払って急発進せい。それで道を曲がったところでオレは降りるから、お前は走って行け」

この時ばかりは空気が張り詰めた。目の前は下りの坂道。逃げる最中に事故でも起きたら惨事である。運転手とふたり、祈る気持ちで時間が過ぎるのを待った。

逃げるのならば、彼女が戻る前しかない。だが警察官が動かぬ前に、突然逃げ出すわけにもいかない……。心臓が止まるほど緊迫した3分間を経て、警察官がボソリと発した。

「ありがとうございます。お手数おかけしました」

坂道を上がり、われわれの視界から消えた。体中の筋肉が弛緩した瞬間だった。

母との温泉

かくれんぼ中の2年間、体調は保っていたが、肝臓が悪かった。逃走前から深酒がたたり、医師の診断は「肝硬変の初期」。私は大阪府高槻市で小さな病院を経営していたこともあり、そこから薬を入手していた。

肝硬変に特効薬はないが、ミノファーゲンなる薬が効くといわれていた。かつて、自民党護憲派の大物代議士に宇都宮徳馬という男がおり、彼が家業としてやっていたのがミノファーゲン製薬なるメーカーだった。この社がつくる薬剤に、私は救われていた。

この薬を1日に点滴で4~5本打つのが日課だった。ホテルの部屋にマッサージを呼び、左右両腕に2本の点滴を1時間半かけて打つ。これにビタミンCやD、ブドウ糖を加える。足かけ10年ほどこの点滴を続け、併用して心臓の薬も飲んでいた。

といっても、かくれんぼ中も酒は山ほど飲んでいたのだが。美味しいものを食べ、酒を飲んでいるよりほかに、楽しみはない。酒も久保田なら千寿ではなく、万寿を入手していた。焼酎はいつも森伊蔵だった。

逃走生活の諸費用は、月に最低でも数百万円は必要だった。車もたびたび買い換えた。全て含めると2年間で1億円はくだらない。事業はほぼ全てストップしており、土地と動産を含め、あるものは順番に処分して金に換えていた。

車を買い換えるのは、検問や高速道路のNシステム（自動車ナンバー自動読み取りシステム）の対策である。捜査網をかいくぐるには、定期的な買い換えが避けて通れない。

温泉に行く際は、運転手に車を先に走らせていた。私たちは新幹線で移動し、現地で集合するのだ。息子が運転して箱根と栃木を3、4回通った。車はNシステムで撮影されており、何月何日にどこの道路を走っていたかを全て記録されていた。

風呂好きの私はいろんな温泉を巡り、しばらく滞在することもしばしばあった。特に気に入っていたのは知人から借りていた箱根の別荘であった。何と言っても景色が素晴らしかった。一面ガラス張りのリビングから見える景色は、広い空、大きな大きな富士山、手前にはゴルフ場のきれいな芝が爽やかに広がっている。天気の良い日は格別で、富士山の雄大さに何度勇気を頂いたことだろう。プライベートな温泉もあり、乳白色の泉質も最高だった。

私の風呂好きは母親似だろう。働かなくても良くなった母親は、阪急電車に乗り、大阪・箕面市の温泉にしょっちゅう通っていた。

かくれんぼ中に、何度か母親と岡山の温泉旅館に泊まったこともある。まるで近所に買い物にでも行くような格好で大阪から出てきてもらい、そのときは岡山駅のそばで合流した。

母は会うなり、本当に私なのかとじっと見つめ、いつまでも目を離さなかった。宿ではこれまでほとんどなかった親子の時間を過ごした。母を温泉に入れてやり、旬の御馳走を楽しんだ。その間も母親の視線はずっと私にあった。

翌朝、岡山から新幹線に乗ったが、隣り合って座るわけにはいかない。どこに人目があるかわからないからだ。それでも私は母親の姿が見えるようにと斜め後ろの席に座った。すると母親は後ろを振り向いてまた私を見つめるのである。余計に目立つ。私は苦笑しながらも、そのままにしていた。

昨日、駅で会った時、宿で食事をしながら話している時、そして帰りの新幹線、母親の眼差しはそのまま母親の言葉であった。母親に心配を掛け続けている私にそれを止めることが出来るはずも無い。

新大阪に着き、母はそこで降りて行った。私はそのまま東京まで行く。別れの言葉を交わすこともできず、ただアイコンタクトで「元気にやってるから」と伝えるだけだった。

人を避けるように、冬の日本海側の温泉を訪ね歩く時期もあった。森昌子の歌う『哀しみ本線日本海』ではないが、冬の日本海を眺めると、心までが凍《い》てつくように震える。低い鉛色の空、うねる暗い海……。どうにも日本海は暗いと思いつつ、時にはドラマチックな気分に浸ることもあった。

「日蓮さん、佐渡島に流されて、よう帰ってこれはったな」

新潟の海辺を走りながら、思わずつぶやいたことがあった。夜半の海に近づき、波とともに引きずり込まれそうになったことも一度や二度ではない。

唯一、私に自業自得だと言った友人がいた。苦言に対し反発して以来、すっかり気まずくなってしまっていたが、それを思い出すと、今の自分は何だと自分を笑ってしまうこともあった。しかし私の心を支配していたのは、怒りであった。自分を裏切った人間、嵌《は》めた人間、つまらない小さな根性で人を陥れるような人間を思いだし、涙を流そうが、暗くなろうが、最後はなにくそ！　と思い直す。

そんな時、ひとつの楽曲が私の救いになっていた。

坂本冬美の『風に立つ』。車中でも、何回も何回も繰り返し聞いた一曲だ。

青嵐に吹かれて胸をはる日もあれば
雨風にたたかれて頭をたれるときもある
人はこの世に生きてあるかぎり
山坂千里の九十九折り
そうさ人生やるっきゃないさ

ダダダンというイントロを聴くだけで、心が奮い立った。昔から坂本冬美のファンだったが、歌詞そのものが、当時の私の境遇にリンクしていた。

表面上は平然を保ちながら、心の底では閉塞感と不安に揺れる日々も多かった。しかし、この歌を聴けば、まけるものか！　と力が湧き、私へのなによりの応援歌に感じた。

夜、客の捌《は》けた行きつけの寿司屋で、ＣＤラジカセを置き、延々とこの曲を聴いたこともあった。私の生涯一のナンバーである。

１９９９年（平成11年）11月５日、東京・台場のホテル・グランパシフィック・メリディアン（現グランドニッコー東京 台場）――。前年に出来上がったばかりのこのホテルが、２年１か月にわたる長きかくれんぼの幕引きの場となった。

その夜、六本木で極真会館の松井章奎《しょうけい》と食事をし、ホテルに戻ってきた私と連れ合いの女性は、ガードをしてくれている連中を駐車場入口で帰し、ふたりだけでロビーに上がるエレベーターに乗った。

ロビー階で扉が開いた途端、８人ほどの体格のいい男たちがドッと駆け寄ってきた。警視庁の捜査員だ。取り囲む向こう側には、さらに10人ほどの私服刑事がいる。私の正面にいた刑事の顔が異様に緊張していたのが印象的だった。

彼女は大柄な男に身体を掴まれていた。

「分かった、分かった」

刑事たちの気持ちを鎮まらせた。フロントの横の部屋に誘導される。ホテルの調査役というプレートがあった。おそらく警察ＯＢだろう。しばらくそのまま待たされた。

捜査員たちは私が宿泊していた部屋に入り、令状なしでしらみつぶしに捜索している。刑事たちは不測の事態に備えて銃器を用意していたらしい。いつものようにボディガードたちが一緒に降りてきたのなら、銃撃戦が起きていたかもしれない。そんなことになれば、私たちはもちろん、ホテル客にも被害が及んだことだろう。

こちらは狙われていた立場。相手が誰であろうと、向かってきたらそれを受けて立つのがボディガードの仕事であったのだから。


拘束後、警視庁での取り調べや逮捕はなく、翌日そのまま大阪拘置所に送られた。もともと保釈になる前の状態に戻ったわけだ。

身柄が取られた段階で、警視庁としての任務は終わったことになる。とはいえ、せっかく自分のところで身柄を確保した以上、大阪に移すのは警視庁の沽券に関わる。形式上警視庁に連れていかれた。刑事たちは腫れ物に触るように低姿勢で、待遇は極めてよかった。次から次へと警部や警部補クラスが現れて、

「会長、私の顔を覚えておいて下さい」

そう挨拶をする。

私の立ち寄り先を警察に告げたのは、ある弁護士だった。身柄拘束されたホテルでは、この弁護士から借用していたカードで宿泊していた。

後年、彼は私のいる拘置所に謝罪に来た。

「会長すみません。助けて下さい」

「助けるって、なにをや？」

聞けば、自分のマンションの駐車場に入るや突然暴漢に襲われ、大腿骨をバットで折られたという。この件の背後に私がいると勘違いしていた。

片足を引きずりながら拘置所までやって来て、ただひたすらに頭を下げ続ける。

「やっと治って会長に謝りに来ました。家内は怖がって、とにかく会長さんにお願いして、許してもらって欲しい、とも言っていますので……」

私への勝手な想像だけで恐れおののいている。

「私はなにもしていないし、なにもできない。そいでな、私がさせたようなことを言われ

ても、そんなもん困るがな」

最後にこう言い添えた。

「私は確実に無罪だから、出るまでそんなに時間がかからんで。とにかく、あんたも身体気を付けてな」

彼はその後も、ある組の関係者を訪れ、延々と私への愚痴を連ねていたという。懲《こ》りない男だと思った矢先、案の定また暴漢に襲われ、同じようにまた私を訪ねてきた。

「会長、どうか助けて下さい……」

哀願する彼に、もう憐憫の情さえ持たなかった。

「私は詳しいことはわからんけど、あなたは何かいろんなところに行って、いろんなことを言うているらしいね。私とは関係ないけど、そんなことをしていたら恨みかうよ。足ですんでよかったんと違うの。頭でも割られたら命に関わるよ」

その後の捜査で、この弁護士の口座には数億円の振り込みがあったことが確認されている。私の代理で動いてもらっていた案件があったが、自由にならない私をいいことに弁護士という立場を利用して〝中抜き〟していた証拠だった。蛇の道は蛇ではあるが、こういう人間に足元を掬《すく》われる私が愚かなだけである。

第十章　これから

不動明王と観音菩薩

計２９２０日。私が獄の中で過ごした時間である。

２００６年（平成18年）１月31日、石橋産業事件を巡る東京高裁の法廷で、懲役６年の実刑判決が下った。即日上告したが、２００８年２月12日、最高裁で棄却され、着せられた汚名が確定した。

すでにイトマン事件の実刑判決（懲役７年６か月）が確定しており、私は栃木県大田原市の黒羽刑務所に収監されていた。ここに、石橋産業事件の刑期が重ねられた形である。

黒羽刑務所は禁固刑受刑者や、暴力団組織に所属していない者が収容される男子刑務所で、独居房が多かった。そのせいもあり、芸能人や政治家も収監されやすい。

私の房は３畳ほどの独房だった。

現在、監獄法はないが、いまでも日本の刑務所は監獄である。「社会復帰のための矯正施設」と国はおためごかしを述べているが、要するに〝檻〟だ。獄という言葉を分解すると、けものと犬の間に言となる。文字通りの場所というほかない。

刑務所での日課は極めて単調なものだ。朝は6時30分起床。ブザーが鳴ると、まず顔を洗って歯を磨き、トイレを済ませて、布団を畳む。パジャマから囚人服に着替えて扉の前で正座をすると、窓に看守が台帳を持ってくる。それぞれに点検があり、自分の番号を言わなければならない。台帳を見ながら齟齬《そご》がないか確認する。終わると7時頃から朝食になる。

簡易型の魔法瓶とでも呼ぶべきか、ステンレス製の小さなポットに配膳係がお湯を入れて配る。次に麦入りのごはんを入れる食器と、汁物を入れる食器とが配られる。房内にある小さなテーブルに置いて配られてもすぐに食べられるわけではない。端から端まで全ての配膳が終わってから、ようやく囚人は箸をつけることが許される。食べ終わると自分で食器を洗い、お茶を飲む。

「出房！」の命令と共に、廊下側のドア前に整列。ドアが開き、廊下で再び整列する。前を見るだけで横を見てはいけない。全員が揃うと、番号を叫んで人数確認を行い、幼稚園児のように「イチ！　ニィ！」と声を揃えて作業所に向かう。

作業開始は7時40分。工場に到着すると、一斉に作業衣に着替えるのだが、更衣室が狭くて毎回気が滅入る時間だった。着替えて自分の運動靴を履いて整列すると、ここでまた点検。自分の番号を叫ぶことになる。

点検、管理、点検、管理……。ひたすらこれを繰り返すのが日本の刑務所である。

工場は複数あり、私の班は紙で牛を作り、首を糸で吊って上下に動く福島の民芸品を作製していた。胴体は胴体、首は首で作る。鉛の胴体にロウを塗り、薄い紙を重ねてノリで貼っていく。これが意外に売れて、金になる。この作業を1年近くやった。

ひとり独房で作業を命じられることもあった。コルクを粉にしてプレス機で固める。大まかな顔と胴体の形があり、板切れのごとき道具で擦っていくうちに、顔が徐々にできてくる。微細に鼻を作り、表情を作っていく。いわゆる民芸品の転びダルマ作りだ。やっているうちに時間が経つのを忘れ、3時間程度はあっという間に過ぎていく。

それを1日に5～10個作る。ある程度数をこなさないと叱られるだけでなく、仮釈放のときすら遠のくことになる。もちろん、反抗をしても喧嘩をしても仮保釈は遠のいていく。ここではみんな〝機械〟になって働かざるを得ない。

普段の獄中生活は、正と負の感情がないまぜになり、様々な想いが去来する。しかし、工作中はこれのみに没頭しており、頭の中は無の状態となる。ある意味で、囚人にとって救いの時間だったのかもしれない。

幼少期を振り返ってみると、モノづくりは人一倍好きだった。ある時は兄貴が買ってきたゲルマニウムラジオの組み立てに熱中し、またある時はゴム動力の飛行機を竹ひごで組み立てて、何機も作ったものだ。ろうそくの熱で竹ひごを曲げ、アルミの細かい管で繋いで紙を貼っていく。広場で飛ばすと、私の飛行機は誰よりもよく飛んだ。

刑務所での作業中、少年時代の想い出が幾度となく甦っては、ふと冷静に立ち返り、現在の自分の境遇に慄然としたものだった。

日韓の架け橋になるという大志に燃え、莫大な金も動かしてきた。その自分はいま、一体何をやっているのか――。虚しさに囚われながらも、絶対に負けるわけにはいかないと気合を入れ直す。その繰り返しであった。

基本的に0時から昼食時間で、休憩を入れてまた0時40分から就業になる。午後4時20分で終業、点検を挟んで4時45分から夕食。その後、余暇時間があり午後9時に就寝。

余暇時間は真言宗の密厳院発露懺悔文《みつごんいんほつろさんげのもん》、不動真言、観音経を唱え、写経にも勤しんだ。

私は不動明王を信仰している。最大の影響は、お不動様を信仰し、私の人生の要所要所で神憑りの助言を与えてくれた本通りであった。前述の通り、最初に結婚した藤田紀子の母も成田山で得度し不動明王をお祀りしていた。この義母もお不動様からの言葉を伝え、鹿児島では信者を抱えていた。今は長女が、高野山で出家し同じくお不動様をお祀りしている。

看守に許可をもらって、長女に数珠を入れてもらった。首を吊らないように、決められたサイズがあり、それに見合うものを選んで入れてもらっていた。

数珠には108つの珠があり、真言やお経を一回唱える毎に一つ繰《く》る。最初は100万回唱えることを目標にしていたが、気が付けば300万回を超えていた。

3000枚の写経を目標に立てたが、気付けばこれもすぐに達成していた。


かくれんぼ中はもちろん、収監されてからも私の心は怒りと殺意で溢れていた。あいつもこいつもと頭の中で想像し、人生を如何に幕引きするかばかり考えていた。そんな風に怒りに呑み込まれ、焦りに苛まれる自分の心を、お経と写経が変えてくれた。

炎を纏い、剣と縄で煩悩を砕き、厄災を除く不動明王。あらゆる難から助けて下さる優しい観音菩薩。毎日毎日、真言やお経を唱えるうちに、荒れ狂う心が不思議と鎮まっていくのだ。

罪状には絶対に納得できない。しかし、半生を静かに振り返ったとき、若き頃より数多の悪事に手を染めてきた自分自身の過去を、見つめざるを得なくなる。

与えられた時間の中で、私は繰り返し繰り返し懺悔《ざんげ》し続けた。

就寝する9時までの間、座して書籍を読むことも忘れなかった。

私にとって、停滞は後退であり、決して容認できない。獄中で自分を前進させる術《すべ》は、お経、写経、そして読書だった。

知識欲が腹の奥底から湧いてくるようだった。刑務所では給金ではなく作業報奨金という形で賃金が支払われ、多い時は月に５０００円ほど支払われた。出所後の費用に充てる者もいるが、私はこの金で書籍を買い漁った。

学術書から宗教、歴史小説まで、ジャンルは問わない。幕末の大坂を舞台にした司馬遼太郎の著書『俄　浪華遊侠伝』や、瀬戸内海から水運を広げた商人を描いた『菜の花の沖』、先述した帚木蓬生さんの著書は、とりわけ夢中になって読んだ。

数多の医学書も精読した。脳神経から心臓、各内臓に至るまで、心のどこかに人体への興味があったのだろう。長女が１型糖尿病に罹患していることもあり、腎臓に関する知識を欲したことも大きかった。

時の流れは早いもので、長女はもう48歳になった。イトマン事件で新聞の一面に私の顔と名前が掲載されたとき、長女は高校生だった。教師の中には、蔑視の目を露骨に向ける者もいたという。周囲の好奇の目線を受け流し、いつも通りに生活していたという話を聞いたとき、涙が止まらなかった。

長女だけではない。私には娘が3人いる。息子も3人いる。皆、私の子だということで普通ではない人生になってしまった。全く無責任で無茶苦茶な父親である。親として何も偉そうに言えることはないが、私の生き様のみ、そこにそれぞれが何かを感じてくれれば良いと思ってる。


母の死に目に会いたい。

服役生活の終盤は、それだけを願っていた。

齢《よわい》80を超えて、母は身体が弱っていた。韓国から日本に渡り、文字も読めぬ世界で、懸命に生きて私たちきょうだいを育ててくれた母。生きているうちに、家族が韓国に連れてきてくれたら、ひと目でも会えたら……。私に注いでくれた深い愛を、僅かでも返してあげたい。それだけが私の本懐だった。

2012年（平成24年）12月、国際条約の「母国での服役」を希望し、栃木県黒羽刑務所から韓国に移送された。これにより仮釈放の時期が早くなると聞いていたからだ。ただし、日本における特別永住者の立場は喪失し、今後日本に入国することはできなくなった。

移送された先は、韓国のソウル南部矯導所だった。

日本の刑務所は差し入れの規則が厳しく、生活必需品以外は殆ど入れることは難しい。とりわけ食事となると、指定されている僅かな品目以外は入れることはできない。しかし韓国では日本と違い、食べ物は魚など生もの以外何でも通る。1回5万ウォン（5000円）以内であれば、肉、果物、ジュース、健康食品とあらゆる食品が差し入れられた。配食の量も食べきれぬほど多い。これほどありがたいことはなかった。

さすがにアルコールは御法度だったが、囚人の中には悪知恵が働く者がいて、コーラと果物を差し入れてもらい、潰した果物を入れて発酵酒を造る方法が一部で流行していた。日本の獄中からしたら信じがたいが、韓国の房の中にはプラスチックのナイフがある。切った果肉と果汁をコーラに入れ、暖かいところに3日ほど置くと、発酵して酒になる。長く酒を飲んでないため、これが実に美味い。酒の肴はイカの刺身もどきだった。スルメをふやかして柔らかくしただけのものであるが、雰囲気だけでも美味い。もちろん、酒は韓国でも発覚次第懲罰案件だったが、看守は見て見ぬ振りをしていた。

至れりつくせりともいえる韓国刑務所だが、辛い点もあった。入浴は浴槽が無くシャワーだけなのである。週に3回利用できるが、私のような風呂好きの人間は苦労した。

それでも、日本の刑務所に比べれば待遇は雲泥の差だった。

韓国の矯導所から仮釈放で出所したのは、日本から移送された9か月後の2013年(平成25年)9月30日のことだった。この間、出所は5回も繰り延べになっていた。「4月は間違いない」「5月は間違いない」。そう言われては却下される。期待と失望の繰り返しだった。

移送時点で、すでに刑期の4分の3は終わっていた。韓国では、刑期の3分の1を終えた時点で仮釈放の対象になる。私の場合、日本での事件であり、まして刑期は残り僅か。通常なら月に一度の審査委員会を経て仮釈放が認められるケースだが、はねられた理由は今もってわからない。

ちなみに出所時、マスク姿で出てくる私の姿が報道されていたが、あれは顔を隠すためではない。その2日前に〝イカの刺身もどき〟を食べていたら前歯がポロリと取れてしまったのだ。前歯がないとマンガのような顔になってしまう。理由こそマンガみたいであるが。

出所後、そのままソウル市内の歯医者に飛びこんだ。仮の差し歯を入れてもらい、その足で新羅ホテルへ。風呂に入り、家族が用意してくれた新しい下着に着替え、お世話になった人々に挨拶に回った。

幾つかを廻ってから、ふたたびホテルに戻り、館内の和食店で懐石料理を食べた。久方ぶりの本物の刺身の味は、生涯忘れないだろう。

そして、３か月前の母の死を聞かされた。

私が知ったら気が動転するだろうと、親族みなで相談して隠していたのだった。言葉が何も出なかった。ただただ、最後の最後まで親不孝な自分を悔いた。

晩年の母はもう呆けていた。私の帰りを何度も何度も聞いていたという。もうすぐ帰ってくるからとの返事に、「そうか」と穏やかに頷いていたらしい。

上皇の訪韓

晴れて自由の身になり、早5年になる。

「日本に入れなくなるくらいなら、韓国に移送されずに日本で服役すればよかったじゃないか」

そんなことを言う人もいる。

日本の刑務所では、仮出所時には反省文を書かなければいけない。私にすればイトマンも石橋も、納得するわけにはいかない冤罪である。

その私がどうして、一体何の反省文を書けるというのか。己の都合だけしか考えない者達の嘘で私は貶《おとし》められたが、私は嘘などつけない。

私は韓国への移送を選んだことは間違いだったとは思わない。これは天命によって決まっていたのだ。韓国でしっかりと今後の道筋をつけてこそ、堂々と日本に凱旋できるはずだ。

現在、私が主に関わるのは医療、介護、食品事業、そして都市開発。それぞれ大小様々な計画が進んでいるが、とりわけ大きなプロジェクトが、韓国の国土交通部も参画している永宗島の仁川《インチョン》空港周辺の都市開発である。

ソウルはその地理的位置においても極東の中心になり得る要所であるが、ネックは北朝鮮問題である。これが解決すれば、仁川から北へ高速鉄道を走らせる計画も動き出すだろう。ソウルから陸路で中国、ロシアを自由に行き来できる日が来ることは、決して夢物語ではない。

現在、アジアの金融の中心地は香港からシンガポールに移っているが、本来、この地位は歴史的にも経済的にも朝鮮半島であってもおかしくない。北の開城《ケソン》や金剛山を含んだDMZ（非武装地帯）の問題が収まるならば、仁川空港は極東の中心、ひいては世界のハブ空港になる可能性を秘めている。

そしてもうひとつ、私には成し遂げたいことがある。退位された上皇の訪韓の実現である。

本来、天皇は私たち民族にとって「恨《ハン》」の対象だ。それでも私は、上皇に韓国を、可能であれば北朝鮮にも来ていただきたいと思っている。不可能だと笑う者が大半であろう。だが、私は真剣に、その日のために必要な環境整備をやっていく心づもりである。

未来を俯瞰《ふかん》しながら、日本と朝鮮半島に横たわる遺物を取り払う必要がある。この二つの民族は古来、融合と離散を繰り返してきた。両者が往来を重ねることで、自然と垣根はなくなっていく。そのきっかけとしての上皇の訪韓であってほしい。

天皇は日本だけのものではない。先の大戦時、天皇のために特攻隊となった朝鮮半島出身者が多数いた。上皇は、これまでアジアや南太平洋で鎮魂の旅を続けてこられた。そこで慰霊されてきたのは、戦死者だけでなく、戦争に巻き込まれた現地の住民たちも含まれていたはずだ。ぜひとも朝鮮半島を訪問し、その旅を完結してほしいと心から願う。

伊藤博文暗殺犯である安重根義士が書いた「東洋平和論」によれば、日本こそがアジアの盟主である。日本と朝鮮半島は手を繫ぎ、共生できるはずなのだが、歴史のしこりが両者の歩みを阻害する。

安重根は人を殺した以上、テロリストのそしりは免れまい。しかし、なぜ彼は伊藤博文を殺害しなければならなかったのか。ネット右翼を筆頭に、人種差別的な保守的思想が蔓延した日本にあって、その理由に僅かでも想いを馳せてほしい。

彼の根底には、日本人による李氏朝鮮王の「国母暗殺事件」への憤怒《ふんぬ》があった。日清戦争後、朝鮮の政府内部にロシアと組まんとする親露派が現れ、その中心が李氏王朝の王妃・閔妃《びんひ》だった。1895年10月、王宮に日本軍守備隊や日本の大陸浪人たちが武力で侵入し、閔妃らを殺害。死体を焼き払うという凄惨極まる事件が起きている。

閔妃とは、いわば朝鮮の皇后である。国民の悲嘆と怒りはいかばかりだったか、想像に難くない。閔妃殺害の首謀者は、在朝鮮日本公使の三浦梧楼。この三浦のことを、日本人はテロリストとは呼ぶまい。閔妃の虐殺がテロでなければ、安重根の行為もテロ扱いはできないはずだ。

一方的な話を排し、相互の視線を持って両者の歴史を見ることが大切だ。被害者とテロリストを分けるものが、国のエゴに拠るものであってはならない。

韓国の主張する慰安婦問題、竹島問題も、ともすれば独善的なものに陥りがちである。我が民族は歴史問題となると、ことのほか人の話を聞かない。互いに反省するところはままある。

南北会談、米朝会談を経て、私たちは歴史の転換点に立っている。北朝鮮を巡る各国の思惑が交差し、今後の朝鮮半島は激動の時代を迎えるだろう。

名前を挙げることは差し控えるが、近頃、私の元を訪ねる日韓双方の要人が増えた。相談事の9割は、北朝鮮問題に尽きる。

各国、北朝鮮との事業の門戸を開きたいが、先方が〝かんぬき〟で閉じている。これをそっと抜いてもらえないだろうか――。そんな話である。幸か不幸か、これまでの人生で、北朝鮮に通じる表と裏の人脈をそれぞれ培《つちか》うことができた。その力を借りたいらしい。

われわれ「越境人」でしかできないことは、確かにある。元来、在日は国家を越境してきたのだ。それこそが在日の強みに他ならない。

機は熟した。私自身、最期は北朝鮮に骨を埋めてもいいと考えている。日本で生まれ日本で育った在日韓国人2世として、「祖国の安寧」のためにできることは何でもするつもりである。

あの時、無知な私が飛び込んだキラキラと輝く川面の下に流れるものは何だったか。無知な私が飛び込んだ河の正体は何だったか。

私自身であり、時代そのものであったと思う。当時に比べて私も少しは賢くなり、河もすっかりに綺麗になった。しかし、果たして川底に流れるものはあの時と今と本当に変わっているのだろうか。

浮いては沈み、沈んでは浮かび、澱《おり》となって土と水の発酵を重ね混ざり合う。攪拌《かくはん》され、浄化され、全てを飲み込み、滔々と流れた先に続く大海。時代と国籍の狭間で、人生という河に呑み込まれなかったのも、有象無象の大きな力に守られ引っ張られてきたからだと思っている。生かされている私の、この体の中ではまだまだ世界は混ざり合い、発酵は続いている。

私のロマンは、あのとき橋の欄干を蹴り上げ飛んで行った気持ちと同じ、大海を目指して流れ続けている。

謙虚に、しかし堂々と。私はこれからも流れ続ける。

特別対談

許永中×崔書勉

日本と韓国の未来は、どこへ向かうのか——。

両国に巣食う病巣とその解決策、果ては朝鮮半島の安寧のために、在日韓国人2世として一石を投じたいと願う許永中氏には、〝学問の師〟とも呼ぶべき人物がいた。それが、国際韓国研究院院長にして「日韓外交の怪物」と呼ばれる歴史学者、崔書勉氏である。

30年来の付き合いを持つふたりは、許氏が韓国で出所した2013年以降も親交を重ねており、2017年10月某日、ソウルの新羅ホテルにて久方ぶりの再会が実現。ふたりの邂逅から日韓関係、そして北朝鮮の核問題まで、語り合った。

崔書勉（チェ・ソミョン）。1926年4月、韓国江原道原州生まれ。93歳。延世大学在学中、大学学生連盟委員長に。47年、韓国民主党創設者のひとりである張徳秀の暗殺共犯容疑で逮捕。無期刑を受けるが49年に刑執行停止で釈放。57年、政権抗争の危険を逃れ米軍機で日本に密航する。当時の最高裁判所長官・田中耕太郎の身元保証で特別滞在許可を取得。東京の国会図書館で日韓関係研究に励みながら、日本亜細亜大学講師を務める。70年に東京韓国研究院を創立し、88年には韓国で国際韓国研究院を設立する。以後、同院院長として日韓を往還しながら精力的に研究を続行している。評伝として橋本明著『韓国研究の魁　崔書勉』（2017年未知谷刊）がある。

著者と崔氏（右）

崔　「許永中さんとの出会いというのは、いつから知り合ったのか思い出せないほど。たくさんのことがあり、話せないことも多いです。とにかく戦後に出会ったことは間違いない（笑い）。初めての接触は日本でした。多分、許さんが日本で注目を浴びていた時期に出会ったと思います。当時の私は、韓国研究院の院長をやりながら、歴史のなかで初めて安重根が刑務所の中で書いた証言を入手して、朝日新聞をはじめいろんな新聞に報道されました。それを読んだ許さんが、私の元を訪れて来たのが始まりではなかったでしょうか。当時の許さんは、日本で生まれ育った韓国人として、韓日の双方の架け橋になるべく燃えていた。出会ったときに許さんが言ったのは、〝自分は安重根を尊敬する〟ということでした。安重根は日本人の伊藤博文を殺した人間だが〝結果的に、彼こそが日韓の距離を縮めた韓国人だ〟と。常人の考える安重根論ではなく、新鮮だったことを覚えています」

許「崔院長はそう言われるが、私とすれば道の入口を開けて、入っていらっしゃいと言ってもらった。その段階では、高邁《こうまい》な思いがあったわけではないし、おこがましいけれども院長についていって、後継者たらんとして勉強をしようと考えていました。しかし、ああいう事故（イトマン事件など）が起きてしまい、今日まで中断してしまった。

獄中でたくさん本を読み、自分なりに考える時間がたくさんあったので、韓国に帰ってきて、また交際を始めさせてもらいました。私は一刑事被告人で有期刑。でも、院長は無期刑の上、亡命までされている。おまけに亡命先の日本での身元引受人は最高裁の長官です。グレードが違います。

院長は肺がんという大病を患っても、お元気になられた。私が先生の年になるときには、もう私は多分この世にいません。あと10年だと思っています。この10年間は先生に教えて頂いた知識をフル活用したいと願っています。

環日本海経済圏構想など、院長が一生をかけて研究した知識と知恵、そして実践されてきたことは、国家的な財産です。軽々しく国家的と言いましたが、何百年にひとり出るか出ないかという傑物だと思っています。そういう方と出会ったことだけでも幸甚です」

崔　「褒められすぎて恐縮してしまいますね（笑い）。こうして会うと、いろいろなことが昨日のことのように思い出されます。かつてあなたは、大阪と釜山の間を結んだ大阪国際フェリーを就航しました。『釜山からの第一号船に乗って下さい』と、こんな一介の研究院の所長に手紙をくれた。ありがたく乗せて頂き、船の部屋に入りました。あまりにも大きな素晴らしい部屋だったのですが、それが最上級の部屋だとはわかっていなかった。すると、突然背の大きな男性が私の部屋に来て、こう言うのです。

『私は高倉健と申します。許永中会長に呼ばれて乗船しました。私の部屋が一番いい部屋だと思っていたのですが、こちらの方が広い部屋ですね。どこのどなたかと知りたくて、入ってしまいました』

高倉さんは、子供のように笑っていましたね。その後、少し雑談したのですが、お母上が高麗の文化が大好きだということで、彼も高麗に興味を持っていたらしいんです。のちに高麗人参を贈ったら、丁重なお礼の手紙をもらいました。

別の時には、あなたの秘書から『大相撲の力士たちとの集まりに顔を出してくれないか』といわれて行ったら、ある横綱から『許会長には相撲界が大変お世話になっています』と言われて。その横綱は最初から最後まであなたのことだけを言っていましたので、一体許さんという方は、どんな人なのか、と不思議に思ったものです」

許「健さんと、そんなことがあったのですね。健さんは韓国の文化にとても興味を持っておられて、初就航のフェリーに招待したときも、快く乗船して下さったんです。心から感謝した思い出が甦ります」

崔「私が懇意にしていた政治家は福田赳夫さんでした。ただ、あなたと福田さんの話はしたことは一度もなかったですね。ところがある時、なにかの書籍を読んだら、福田さんが親しくしていた大谷貴義さんとあなたの間で交友があったと書いてある。驚きました。私も大谷さんとは親しかったんです。人間というのは、いろんなところで因縁がある。

東邦生命の太田社長も、あなたのそばにいましたね。ある時、太田さんが、忠清南道の天安市の韓国独立記念館を観に行った。この記念館は、日帝時代の朝鮮半島支配の受難と、それに対する独立運動をはじめとした歴史を、8万5000点以上の資料で振り返る施設です。

太田さんは私に、『あの記念館はいくら費用がかかっているのか?』と聞かれたので、『みんなの募金を中心に500億ウォン（50億円）ほどだと思います』と答えたところ、『先生、それを私に買わせてくれませんか』と言うのです。反日感情の権化のような施設なのに、太田さんは、『あそこは日本人が見た方がいいのであって、私が買わせてもらったら、あれをそのまま日本に持っていきたい』とまで言われました」

許　「まったく違和感のない発言ですね。太田社長ならそう言うと思います。かつて私に『日韓のブリッジビルダーになれ』と言われた方です。双方の架け橋になって欲しい、という強い願いをお持ちだった。『国士になれ』とも言われました。それらの言葉が、私の生きる方向を決めたといっても過言ではありません」

崔　「5年前に韓国大使館のパーティーに行ったら、ライフストア（現・ライフコーポレーション）の清水信次会長が来られていたけど、あの人も許さんとは親しいようだったね。とにかく許さんの周囲にはいろんな変人が沢山います（笑い）」

許　「そういう意味では、太田社長もそうですし、崔院長もそうですし、私は幸せ者ですよ。果報者と言うのかな。普通ならばお目にかかれない人たちに出会い、偉大な人たちに接点を持たせて頂き、ここまで来た。修羅の世界を垣間見ながらも70歳まで生きて、こうして五体満足であることは、運と縁に恵まれたとしか言い様がない。幸いにも、あと10年は走れるという体力もある。こんな幸せ者はいないと思っています」

崔「許さんは本当に表に出ない人です。大きなパーティーがあり、招待されて行ってみると、いつも彼は居ないのです。黒子に徹している。みんなを喜ばせるだけで、自分を売りこまない。

大山倍達さんという極真空手の創設者がいました。大山さんの秘書室長が、許さんの部下のように使われていました。後に国会議員になった彼と、ある日赤坂の焼き肉屋に行ったら、『崔先生がここに来られたときは、全部お前が払え』と許さんから言づてがあった。事実、何年も払ってくれました。国会議員もこき使うんです（笑い）」

許「そんなこともありましたね（笑い）。ところで真面目な話になるのですが、先生は現在の日韓関係について、どのように見ていますか？」

崔「様々な人の、様々な努力がありますが、今まで実を結んでいない。長い間、お互いに努力してきても日韓関係が改善しないのはなぜか。韓国は中国、日本、ロシア、そしてアメリカを含んで、地政学的に他の国より弱い立場にあります。歴史的には中国の影響を受け、侵略もされています。しかしながら、韓国の主権を奪ったのは日本のみです。中国は韓国を属国化したといっても、中国の支配ではなく、主体は韓国の王でした。日本だけが併合という名の下に主権を奪いました。これが重い瑕《きず》を残したのです。この一点を捉え直さなければいけない。

例えばドイツとフランスは何百年もの間、戦争をしてきた。ドイツのアデナウアー、フランスはドゴールというふたりの卓越した政治家が、なぜ両国の諍《いさか》いがなくならないのかを根源的に考え直し、長年紛争の原因となってきたアルザス・ロレーヌ（エルザス・ロートリンゲン）を『お互い譲歩する』という英断を下しました。そして管理者としてヨーロッパ共同体を立てた。これがＥＣであり、のちのＥＵになるのです。そこにはドイツの勇敢なる反省があった。

日本の場合、サンフランシスコ講和条約の後に、政治家の口からも大東亜戦争肯定論がたびたび出る。その上、竹島や慰安婦問題を巡り、日韓双方で『互いの放棄』ができない。ドゴールとアデナウアーのような決心が互いに欠けているのです。どちらかが譲歩するのではなく、『一緒に負ける』ということが、翻って両国の結びつきを強めるのだと思います。

無論、これが至難であるがために、いまだに関係がこじれているのですが……」

許「久しぶりに先生の話を聞いて、短いお話だけどやはり喩《たと》えもそうだし、内容も濃いです。キチンと活字にして残さないといけないです」

崔「天皇陛下（現上皇）が悲願とする韓国訪問も、両国のために実現して欲しいと願っています。世界最古の王室である天皇制度があり、その中で陛下は、自分の先祖に百済出身がいたことに触れ、『韓国とのゆかりを感じています』と発言されました（２００１年のお誕生日の記者会見）。『謝罪せよ！』とばかり主張する韓国人ですが、心の底では陛下に大変な親しみを感じているのが現実です。

戦争開戦時の日本の外務大臣で、東郷茂徳という人がいました。彼は鹿児島県日置郡の朝鮮人陶工の子孫で、「苗代川村」（現・日置市東市来町美山）の出身。朴という姓もある。この村は４００年前の豊臣秀吉の文禄・慶長の役で、捕虜になり島津義弘の帰国に同行した朝鮮人陶工たちが、薩摩藩によって集められて形成された集落です。その東郷は韓国でも親しみを持たれており、同じ苗代川村出身の陶工・沈壽官が訪韓した際には、みんなバンザイで喜んで迎えました。陛下もまた、心からの歓迎をされるはずです。

陛下のご学友だった橋本明君（橋本龍太郎元首相の従兄弟）に聞いたことがあります。陛下が皇太子の時、『私が天皇になったら真っ先に韓国に行く』とおっしゃっていたそうです。それを橋本君が僕に伝えてくれた。政治的問題でいまだ陛下の訪韓が実現していないことは、残念でなりません。

陛下がグアムを訪問されたときのことです。行事が全て終わってから、ひとりで韓国人慰霊塔に行かれて、お祈りしておられたそうです。その写真が欲しくて橋本君を通じて宮内庁に問い合わせたら、慰霊塔に行くことは宮内庁も把握しておらず、写真も撮らなかったというのです。もし韓国に来られたら、百済のみならず、かつて新羅の地だった半島の南東部にもいらして欲しい。韓国国民は陛下の訪韓を心から持っています。やがて、そういう日があって欲しい」

許　「陛下ご自身も、その気持ちゆえの生前退位ではないでしょうか。陛下のお立場で訪韓することは政治的にも難しいですが、退位なさったら、真っ先に韓国に来て頂きたい」

崔　「日本の皇族で、韓国の映画、劇、音楽の会場に行かなかった方はひとりもおりません。私が東京にある韓国映画、展示会など重要な文化に関連する場所に行くと、必ず皇族のどなたかが来られています。私が行った高麗の有名な妓生を主人公にしたミュージカルにも上皇皇后両陛下が来られていました。私にも、気軽に話しかけてくださり、感動したことを覚えています。最近、陛下は埼玉県の高麗神社に自ら望まれて参拝されてもいましたね」

許「陛下は歴史をとても大切にされていますが、安倍首相は憲法改正を含め、戦後日本の道程を否定し、戦前回帰を推し進めています。そんな現政権はどのように見られていますか？」

崔「安倍さんは、岸信介という親米派の孫です。父親に従うことを誇りとする人がいるし、逆に反対のことをやって自分を表そうとする人もいる。これは人間のあり方です。親も大事だし、祖父も大事。しかし自分も大事である。安倍さんについては『岸の影響が強すぎる』という見方をする人が多いですが、彼には彼の道があるという風に解釈した方がいいでしょう。安倍政権が正しいか間違っているか、それを決めるのは歴史であって、私たちはあまりとやかく言うべきではないと思います。

岸さんが総理の時代、まだ幼かった安倍さんとお馬さんごっこで遊んでいた時のこと。当時の流行語である『安保反対！　岸はやめろ！』と安倍さんが背中の上ではやし立て、それを見ていた両親が慌てて叱ったことがあったそうです。しかし、岸さんは笑いながら『いいじゃないか、これぐらい』と言って両親を諫《いさ》めたという逸話があります。
　岸さんができなかったことを安倍政権がやるのではなく、是々非々で別の道を歩くのではないでしょうか。彼を見ていると、そんな気がします」

許　「とてもレンジが長い見方ですね。韓国もまた、慰安婦合意をひっくり返そうとしたり、暗澹《あんたん》たる気持ちになることも多いです。究極的な話になりますが、日韓はどうすれば歩み寄ることができるのでしょうか？」

崔　「過去に東京で暮らしているときに、日韓関係について考えるためのシンポジウムを開きました。当時、日本社会ですぐれた日韓論を展開していた、衛藤瀋吉さん、村松剛さんらを集めました。お題は『日本にとって韓国とはなにか』。侃《かん》々諤《がく》々の論争になりましたが、最後に出た結論が非常に明快でした。『日本にとって韓国は外国である』。
　日本人の頭の中にはどこかに、戦前に40年間支配した国というイメージがある。それゆえ日本が先進で、韓国は後進。日本は上品で、韓国は下品……という固定観念が消え去らない。

だから上手くいかないのです。今後、日本は韓国が〝いち外国〟であることを腹に据えて、向き合わなければならない。いまでも学者が集まると同じ結論になります。歴史的背景はもちろん鑑みなくてはいけませんが、その前に、先入観を一切なくして〝ひとつの外国〟として韓国を考えるべきです。すると、いいアイデアが出てくる」

許「確かに、なぜ韓国と日本はこれほどまでに〝当たり前の外交〟ができないのかといえば、歴史問題が深く絡み合いすぎて、対等で平等な国対国の関係を築けないことにある気がします。韓国もまた、加害者と被害者という構図でしか日韓関係を見ることができない。もちろん歴史は重要ですが、ある意味で、〝ただの外国〟として見る視点が双方に欠落していたのは否定できませんね。これは韓国も猛省しなければならない。

一方で、先生はいまの北朝鮮問題に関してどのように考えられていますか？　人道問題に核問題と、課題が山積みのあの国に対し、私たちはどう向き合えばいいのでしょうか」

崔「まず、核兵器に目覚めたのは北よりも韓国が先なんです。朴正熙元大統領は、アジアの小国たる我々が諸外国と対等になるには核兵器を持つことだと考えていた。ジョンソン米大統領の訪韓時、韓国の科学研究所の支援を求め、韓国の大学教授の何十倍の給料を与えて優秀な韓国の科学者を育てた。

実際、核兵器ができる直前にまで行きました。もちろんCIAに察知され、アメリカは朴政権に対して『韓国のような小さな国が核兵器を持つと世界各国が不安になる』と圧力をかけた。朴正煕は抵抗しましたが、その後、カーター大統領の訪韓時も『韓国が核を持てば日本も北朝鮮も持つことになる』と牽制した。それで涙を呑んで核開発をやめたのですが、結果的には核開発にかけた力がその後の韓国の経済発展の大きなもとにもなった。

いまはみんな北朝鮮を非難しますが、小国が先進国と渡り合うための施策を考えたとき、核開発に結びつくことはある意味で必然です。核兵器を持てば、世界に対して物が言える。インドやパキスタンがその典型です。小国ゆえに核兵器所有の欲望が抑えきれない。

逆に核兵器を持たないことで、小国にどんな利益があるのか。それを見せること以外に、彼らが核を真に放棄することはないと思います。アメリカを中心に、核開発をやめれば生きる道ができるということを、大国側が提示するしかありません」

許　「その意味では、文在寅大統領も宥和政策をとらざるを得ないわけですね。本来は不本意だが、最悪の事態を避けるためには、譲歩できるところは最大限譲歩していかなければならない。

北が、核を完全放棄することは、現段階ではできないと思います。金正恩からすれば、核を完全放棄すれば、フセインと同じになるという疑念が拭えない。現状では核もミサイルもすべてストップして、『技術開発を中断する』という線に落ち着くのではないでしょうか。いま核を何発持っているかも知りませんが、それでも1発、2発でないことは確実でしょう。それら全てをあからさまに放棄するというのは考えづらい。

ただ、中断だけでも大きな前進だとは思います。アメリカの奇襲攻撃以上に、北朝鮮が核実験中に事故を起こされる方が怖いわけですから。半島はおろか、偏西風で日本まで放射性物質が飛んでくる。実験がなくなるだけでもいまは一安心です。10年後に北が核兵器を根絶していたら、果ては南北が統一していたら、その時に初めて南北会談の成果が見えてくるのかもしれません。先生の言うように、全ては歴史が判断するのでしょう」

崔「政治に『最善』や『正解』という言葉はありません。過ぎ去ってみたときに『あの時はベストだったが、他の方法もあった』という謙虚さがないといけない。その謙虚さがなくなり、自分がやっていることこそが絶対的正義だと思った瞬間に、独裁が生まれる。文政権も、現時点での最善策をやっているのであって、絶対的に正しいかどうかは誰にもわかりません。情勢は時々刻々と変わり、北朝鮮問題も1日でガラリと様相を変える。正しいか正しくないか、という視点をまず捨てることが大切です」

許永中（きょ・えいちゅう）

1947年、大阪府大阪市大淀区（現北区）中津生まれ。在日韓国人2世。大阪工業大学在学中から不動産や建設など様々な事業に関わり、多くの在日同胞や極道関係者の人脈を培う。大学中退後、大谷貴義や福本邦雄らの知己を得ながら、政財界を縦横無尽に駆けまわり、「戦後最大のフィクサー」の異名を取る。91年にイトマン事件、00年に石橋産業事件で逮捕。保釈中の97年9月、妻の実家の法要を理由に韓国・ソウルに出国した後、現地で失踪。99年11月に都内ホテルで身柄を拘束された。12年12月、母国での服役を希望し、ソウル南部矯導所に入所。13年9月に仮釈放。現在はソウル市内にて、介護や都市開発など様々な事業を手掛ける。

海峡に立つ　泥と血の我が半生

二〇一九年九月二日　初版第一刷発行

著　者　許永中
発行者　鈴木崇司
発行所　株式会社 小学館
〒一〇一-八〇〇一
東京都千代田区一ツ橋二-三-一
電　話　編集 〇三-三二三〇-五九五一
販売 〇三-五二八一-三五五五
印刷所　大日本印刷株式会社
製本所　牧製本印刷株式会社

*造本には十分注意しておりますが、印刷、製本など製造上の不備がございましたら「制作局コールセンター」（フリーダイヤル〇一二〇―三三六―三四〇）にご連絡ください。（電話受付は、土・日・祝休日を除く九時三〇分～一七時三〇分です）

担当編集　湖山昭永
取材協力　許英恵、三谷俊之、金賢、竹中明洋

ISBN 978-4-09-388625-3